世紀
人物
100

一朵孤芳的野菊花

陶淵明

廖炳焜　著

三民書局

献給孩子們的禮物

主編的話

世界上最幸福的孩子，是他們一出生就有機會接近故事書，想想看，那些書中的人物，不論古今中外都來到了眼前，與他們相識，不僅分享了各個人物生活中的點滴，孩子們的想像力也隨著書中的故事情節飛翔。

不論世界如何演變，科技如何發達，孩子一世幸福的起源，仍然來自於父母的影響，如果每一個孩子都能從小在父母親的懷抱中，傾聽故事，共享閱讀之樂，長大後養成了閱讀習慣，這將是一生中享用不盡的財富。

三民書局的劉振強董事長，想必也是一位深信讀書是人生最大財富的人，在讀書人口往下滑落的多元化時代，他仍然堅信讀書的重要，近年來，更不計成本，連續出版了特別為孩子們策劃的兒童文學叢書，從「文學家」、「藝術家」、「音樂家」、「影響世界的人」系列到「童話小天地」、「第一次」系列，至今已出版了近百本，這僅是由筆者主編出版的部分叢書而已，若包括其他兒童詩集及套書，三民書局已出版不下千百種的兒童讀物。

劉董事長也時常感念著，在他困苦貧窮的青少年時期，是書使他堅強向上，在社會普遍困苦，而生活簡陋的年代，也是書成了他最好的良伴，他希望在他的有生之年，分享這份資產，讓下一代可以充分使用，讓親子共

讀的親情,源遠流長。

「世紀人物100」系列早就在他的關切中構思著,希望能出版孩子們喜歡而且一生難忘的好書。近年來筆者放下一切寫作,接下這份主編重任,並結合海內外有心兒童文學的作者共同為下一代效力,正是感動於劉董事長致力文化大業的真誠之心,更欣喜許多志同道合的朋友,能與我一起為孩子們寫書。

「世紀人物100」系列規劃出版一百位人物故事,中外各占五十人,包括了在歷史上有關文學、藝術、人文、政治與科學等各行各業有貢獻的人物故事,邀請國內外兒童文學領域專業的學者、作家同心協力編寫,費時多年,分梯次出版。在越來越多元化的世界中,每個人都有各自的才華與潛力,每個朝代也都有其可歌可泣的故事,但是在故事背後所具有的一個共同點,就是每個傳主在困苦中不屈不撓,令人難忘的經歷,這些經歷經由各作者用心博覽有關資料,再三推敲求證,再以文學之筆,寫出了有趣而感人的故事。

西諺有云:「世界因有各式各樣不同的人群,才更加多采多姿。」這套書就是以「人」的故事為主旨,不刻意美化傳主,以每一位傳主的生活經歷為主軸,深入描寫他們成長的環境、家庭教育與童年生活,深入探索是什麼因素造成了他們與眾不同?是什麼力量驅動了他們鍥而不捨的毅力?以日常生活中的小故事,來描繪出這些人物,為什麼能使夢想成真。為了引起小讀者的興趣,特別著重在各傳主的童年生活描述,希望能引起共鳴。尤其在閱讀這些作品時,能於心領神會中得到靈感。

和一般從外文翻譯出來的偉人傳記所不同的是，此套書的特色是，由熟悉兒童文學又關心教育的作者用心收集資料，用有趣的故事，融入知識，並以文學之筆，深入淺出寫出適合小朋友與大朋友閱讀的人物傳記。在探討每位人物的內在心理因素之餘，也希望讀者從閱讀中，能激勵出個人內在的潛力和夢想。我相信每個孩子在年少時都會發呆做夢，在他們發呆和做夢的同時，書是他們最私密的好友，在閱讀中，沒有批判和譏諷，卻可隨書中的主人翁，海闊天空一起遨遊，或狂想或計畫，而成為心靈知交，不僅留下年少時，從閱讀中得到的神交良伴（一個回憶），如果能兩代共讀，讀後一起討論，綿綿相傳，留下共同回憶，何嘗不是一幅幸福的親子圖？

　　2006 年，我們升格成為祖字輩，有一位朋友提了滿滿兩袋的童書相送，一袋給新科父母，一袋給我們。老友是美國國家科學院院士，曾擔任過全美閱讀評估諮議委員，也是一位慈愛的好爺爺，深信閱讀對人生的重要。他很感性的說：「不要以為娃娃聽不懂故事，我的孫兒們一出生就聽我們唸故事書，長大後不僅愛讀書而且想像力豐富，尤其是文字表達能力特別強。」我完全同意，並欣然接受那兩袋最珍貴的禮物。

　　因為我們同樣都是愛讀書、也深得讀書之樂的人。

　　謹以此套「世紀人物 100」叢書送給所有愛讀書的孩子和家庭，以及我們的孫兒——石開文，他們都是世界上最幸福的孩子，因為從小有書為伴，與愛同行。

　　讀陶淵明的詩文，最能觸動我心的，就是陶淵明堅毅不悔的個性，以及他那種樂天知命、幽默開朗的人生觀。

　　才氣洋溢的陶淵明，也曾經是一個想要為社會做一點事的年輕人，但是，他在江州「祭酒」（教育局長）任內，見識到了長官的昏庸與腐敗。無奈，生活的壓力（包括母親的期許），以及對社會的責任心讓他不能說放就放，想離開便離開。

　　陶淵明面對爾虞我詐、拍馬逢迎的官場，他必須以「虛假的陶淵明」應付那些官僚，過著身不由己的日子；而「真實的陶淵明」又對他日夜呼喚，要他回去過純真自然的日子，這樣的矛盾和困擾，讓他身心煎熬。歷經了多次的掙扎（幾度任官又辭職），陶淵明終於辭去「彭澤令」這個最後的官職，下定決心不再為了滿足生活所需而置身於不屬於自己的世界中（他在詩中形容自己是「池魚」，是困在「樊籠」的「羈鳥」）。

　　陶淵明捨棄物質生活比較優渥的官場，回到生活條件困乏的田園，雖然如己所願，找回了純真自然的自己，但是，他必須「開荒」來供應生

活所需；必須放下讀書人的身段，成為「日出而做，日入而息，鑿井而飲，耕田而食」的農夫。躬耕生活相當辛苦，「晨興理荒穢，帶月荷鋤歸」，陶淵明不但毫不後悔，而且怡然自得。在〈歸園田居〉中他說：「衣沾不足惜，但使願無違。」只要不違背返回「真實自我」的心願，就算再怎麼辛苦勞累，他還是無悔的肯定了自己的抉擇無誤，因為他知道，身體的勞累經過適當休息便可回復；而純真的心靈要是被名利所拘束，就會日漸沉淪。這就是陶淵明為什麼寧願向村人乞食，也不願接受貪官施捨的原因。

陶淵明不但有著堅毅的個性，他對於生命的樂觀態度，更是讓人激賞。

出生於書香世家的陶淵明，卻生了五個資質平庸又不喜歡讀書的孩子，如果是一般的父親早就氣炸了，但是陶淵明卻豁達的說：「天運苟如此，且進杯中物。」事實上，陶淵明五個兒子雖然平庸，卻都是肯勞動、非常孝順的孩子，陶淵明也就順其自然，不加強求了。對於生命的生滅，陶淵明一樣樂觀開朗的面對；他在寫給自己的祭文中提到：「余今斯化，可以無恨……從老得終，奚所復戀！」

陶淵明在貧病交迫中去世，有人說他是「窮」死的，

但是，他過了他自己想要的一生——清清白白、不昧良知、光明磊落的活著。沒錯，陶淵明是貧病交迫而死，但是他一輩子堅持生命的自由，活得比任何人更「富有」。

我們要感謝陶淵明，他為後代留下的詩，給人一種力量，可以抗拒濁流，砥礪品格，猶如一朵孤傲的野菊花，永遠散發著清醒人心的芬芳。

寫書的人

廖炳焜

1961 年生，臺南縣人。因為小時候喜歡聽大人講故事，現在特別喜歡講故事給小朋友聽。自認為是一個愛講故事的「中年兒童」。兒童文學研究所畢業後，更喜歡寫故事給兒童看。寫過小說、童話、兒歌，也得過不少文學獎。白天，是一個熱愛兒童文學的國小老師；晚上則教導一些家長怎麼帶孩子讀書。

國中時讀到陶淵明的詩：「方宅十餘畝，草屋八九間。榆柳蔭後檐，桃李羅堂前」，好羨慕陶淵明有這麼美的住家環境；高中時，再讀到他的〈桃花源記〉，更深深為桃花源這個仙境著迷。一直到大學時，讀了更多陶淵明的作品，才了解他是一個「不為五斗米折腰」、品格高尚、光明磊落的人。

因為深愛陶淵明的詩，因為敬佩陶淵明的人格，我寫下了這一本《一朵孤芳的野菊花：陶淵明》。

一朵孤芳的野菊花

陶淵明

陶淵明

365～427

序　幕

——一個黑暗的時代

291 年至 306 年，晉帝國爆發了長達十六年的「八王之亂」*，皇室兄弟自相殘殺，造成烽火蔓延，生靈塗炭。晉帝國的國力經這十六年的戰亂後一蹶不振，給了外族壯大崛起的機會。終於，在 308 年時，匈奴族的劉淵按捺不住滅晉的野心，率領雄兵，入侵中原，自稱「漢王」，定都於平陽，拉開了歷史上有名的「五胡亂華」的序幕。

311 年，劉淵的兒子劉聰派劉曜、石勒等率兵打進了洛陽，把當時的皇帝——晉懷帝擄到平陽去殺了，這就是中國歷史上著名的「永嘉之亂」。

懷帝被殺之後，晉帝國趕緊在長安擁立了司馬鄴*繼位當皇帝。

不久，劉曜再率領匈奴兵圍打

2

到了長安，晉帝國的部隊一聽到匈奴又來了，還沒打仗就趕緊落荒而逃。司馬鄴只好獻出長安城，向劉曜投降。這個可憐的司馬鄴龍椅坐不到三年，就結束了他司馬家建立的帝國，短命的西晉帝國僅僅經歷五十一年就宣告終結。

西域蠻族的兇猛，早就讓中原的百姓們聞風喪膽。當劉曜攻破長安城，百姓們還能逃的，就跟著晉帝國的殘兵敗將，往南方逃竄；逃不掉的，只好留下來，成為接受異族統治的順民。

北方的大氏族，如司馬氏、謝氏、王氏，這些王公貴族，他們原來就擁有無窮的財富和至高的權

放大鏡

＊所謂的「八王」是指汝南王司馬亮、楚王司馬瑋、趙王司馬倫、齊王司馬冏、長沙王司馬乂、成都王司馬穎、河間王司馬顒、東海王司馬越等人，他們之間或是叔姪，或是兄弟，在西晉末年時，為了爭奪政權，彼此互相殘殺，從291年至306年，歷時十六年，從宮廷鬥爭禍及整個國家，社會遂成大亂，歷史上稱為「八王之亂」。

＊司馬鄴　即晉愍帝。

勢，當然，他們是不可能和那些平民百姓一樣，留下來接受異族統治的。儘管北方已經草木皆兵、烽火連天，這些王公貴族依然有辦法帶著他們的家人，捲起他們的財富，在屍橫遍地的道路上，驅車策馬，直奔安全的、富庶的南方。

司馬氏、謝氏、王氏這些王公貴族逃到江南後，與原本南方的朱、張、顧、陸等大世族，很快便在「建業」這個地方，又擁立司馬睿成為新的君王——晉元帝。而晉元帝司馬睿統治下的新王朝，歷史上就稱為「東晉」。

正當北方中原陷入五胡亂華、水深火熱的局勢，長江以南的大片江山，卻因為遠離中原戰火，依舊維持著富庶安樂的局面。司馬睿這個新皇帝，結合了北方逃來的王公貴族和南方在地的權貴世家，所建立的新王朝，並沒有從西晉的滅亡中得到教訓，而好好的整頓國家，

帶給人民幸福安定的生活；反而因為江南的風光明媚、物產豐饒，讓這些統治者，很快的又掉入了生活奢靡、爭權奪利的泥淖。

　　晉帝國是一個階級分明的社會，即使是在朝中當官，只要你不是出身於名門貴族，就很難受到重用，而且常會被人排擠或瞧不起。連當官的人都因為出身高低而被分為不同的階級，平民百姓更是很難和那些名門貴族平起平坐了。在這樣的社會裡，一些想要謀得一官半職的讀書人，也開始對那些有權有勢的人拍馬屁；而一些有才氣、不願拍馬逢迎的人，對於黑暗的政治，便會故意視而不見，不是裝瘋賣傻、麻醉自己，就是大夥混在一起，談論或書寫一些玄學怪論，以躲避政治的迫害。而陶淵明就是生活在這樣的時代氛圍中。

1 陶淵明的家世

陶淵明，生於 365 年，這時候，東晉帝國已經建立了四十八年。

陶淵明的曾祖父陶侃，是廬江潯陽人，是東晉開國之初的大功臣。陶侃原來家境清貧，只不過當了一個縣裡的小官，由於他為人正直，辦事能力又強，所以升官成了郡守；不久，又擔任荊州的刺史，朝廷派他鎮守武昌。以陶侃的才學和能力，照理可以獲得朝廷的重用，但是，因為他不是出身於北方的氏族，所以就遭到宰相王敦的嫉妒，把他調到偏僻的嶺南地區，擔任廣州刺史。

嶺南的廣東一帶，當時是一個蠻荒之地，到處都是叢林瘴癘*，

放大鏡

＊瘴癘　因山林間溼熱蒸發的毒氣所引發的疾病。

被發配到這裡的，不是犯錯的官員，就是一些被流放的罪犯。陶侃被朝廷調到這裡，對他來說是一個很大的打擊。他到了廣州後，就非常重視鍛鍊身體，為了保持強健的體魄，以便將來能報效國家，他每天早晨從屋裡把磚頭搬運出來，晚上又把磚頭搬進屋裡。直到王敦作亂失敗被殺，陶侃才有了升官的機會，再次被任命為荊州刺史。

後來，東晉的兩大武將蘇峻、祖約作亂，率領叛軍攻入京城。朝廷加封陶侃為征西大將軍，派他帶兵擊破叛軍，收復京城。陶侃立下大功，朝廷因而命他兼任荊州和江州的刺史。

陶侃的官位雖然越來越高，但是他依舊保持著勤政愛民的品格。在那個官場腐敗、讀書人日漸墮落的時代，他還是滴酒不沾，潔身自愛，所以獲得百姓的尊敬與愛戴。晉成帝九年（333年），陶侃因病去世，

享壽七十六歲。

照理說，陶侃能做到大將軍，又為國家立過大功，應該能夠庇蔭他的子孫後代，過著榮華富貴的生活。但事實上，陶侃的兒子陶茂，官位只做到武昌太守；陶侃的孫子陶逸＊，官位也只做到安城太守；而陶淵明這個曾孫，更是只能擔任一個小小的縣府裡的教育局長。陶侃的後代官運一代不如一代的原因，就是因為他們並不是北方氏族。在那個凡事講究門第血統的東晉社會，陶侃沒有多大的權力為子孫謀取功名，後代的子孫也只能憑自己的本事，去創造自己的前程了。

東晉帝國剛成立時，因為從北方大量湧入了逃亡的人口，所以也加速了南方土地的開發，使得南方農業的生產大大的提高。原本百姓

＊陶逸　即陶淵明的父親。

對新成立的政權，懷抱著極大的期許，希望它能夠抵禦外族的侵略，並收復北方的失土。所以，即使遭受王公貴族階級的剝削壓迫，過著不平等的生活，百姓們仍然願意支持這個剛剛被匈奴驅逐、搖搖欲墜的政權。

此時，北方的各族也正忙於互相攻城掠地，烽火連天之際，沒有閒功夫窺伺南方的東晉帝國，東晉帝國也因此獲得了喘息的機會，慢慢的穩固下來。

但是，好景不常，東晉帝國的統治階級內部，不斷發生權力鬥爭的事件：剛開始是南方氏族和北方氏族之間的衝突，接著又發生北方氏族爭奪皇權的鬥爭，像是 322 年開始的「王敦之亂」，以及 327 年的「蘇峻之亂」。陶淵明出生時，也正是東晉大將軍桓溫割據荊州，對朝廷虎視眈眈，準備謀反的時候。

　　中國最著名的田園詩人陶淵明，就出生在這個動盪、腐敗、黑暗的時代。

　　就在陶淵明九歲時，桓溫不但勢力壯大，而且跋扈到可以罷黜皇帝，另立新皇帝。不過，桓溫還來不及發動叛變就病死了（373年），東晉皇室算是解除了一次危機。

2 從少年到青年

——一個動盪的年代

　　桓溫的死，讓朝廷上下大大的鬆了一口氣，群臣擁立名臣謝安當宰相，主持國家大政。東晉也因為謝安的執政，而有了短暫安定的局面。但是，另一個重大危機——比桓溫更大的威脅——卻接踵而來。在陶淵明十九歲這年，北方的「前秦」國主符堅統率各族聯軍，浩浩蕩蕩的朝南方的東晉開拔而來。東晉再次面臨一場毀天滅地的危機。

　　晉孝武帝太元八年（383年），前秦符堅統一北方後，強徵北方各族人民，組成八十七萬大軍南下，想一舉滅掉東晉，統一天下。符堅先派他的弟弟符融率軍二十五萬為先鋒，從長安向東進發。九月，符堅親率大軍進駐項城，而符融的先鋒部隊也已抵達潁口，並向東晉在淝水西岸的重鎮壽陽展開進攻。

　　東晉的宰相謝安得知前秦的大軍已經逼近，就派謝玄等率領八萬將士迎戰苻堅；另派水軍五千趕往壽陽救援。可惜，當東晉的水軍趕到時，壽陽已經失守，水軍部隊只好在離洛澗二十里的地方駐紮下來。

　　前秦國主苻堅得知部將已經攻下壽陽，便把大軍留在項城，自己只率八千輕兵趕到壽陽。苻堅自以為勝利在望，便派東晉降將朱序去勸晉軍投降。但朱序卻將苻堅的軍力實況，詳細的透露給謝玄。謝玄根據朱序提供的情報部署兵力，突襲駐在洛澗的北方聯軍陣地，殲滅前秦軍一萬多人。

　　不久後，東晉的主力部隊已經挺進到淝水東岸，和苻堅的部隊隔著淝水對峙。苻堅登上壽陽城樓，看見東晉部隊的陣營整齊有序，軍容壯盛；又遠望八公山，發現山上草木搖晃，以為到處都是東晉的軍

隊，心中產生了畏懼。當時前秦的部隊都貼近淝水布陣，謝玄就派特使向前秦將領要求，請他們的部隊稍稍後退，讓東晉的軍隊渡過淝水，好讓雙方進行決戰。符堅原本打算，趁東晉部隊渡河到一半時，再發動突擊，一舉把東晉部隊殲滅在河上，便一口答應了謝玄的請求。

　　哪知道前秦聯軍都是符堅向北方各族強徵來的烏合之眾，人心浮動，將士們早就厭戰。正當聯軍想要往後移動時，朱序在前秦的隊伍中高呼：「我軍敗了！我軍敗了！」近百萬的部隊要同時移動，本來就不是一件簡單的事情，後面部隊並不知道向後移動只是引誘謝玄部隊的詭計，他們聽到「我軍敗了！我軍敗了！」以為前秦聯軍真的敗了，於是大家爭先恐後，只想趕快逃命。就這樣，前秦聯軍瘋狂向後奔逃，一發不可收拾，因為互相推擠踐踏

而死的將士，就有數十萬人。東晉軍隊乘勝追擊，大敗前秦聯軍。

這場淝水之戰，東晉以八萬精兵擊退了近百萬敵軍，符堅一回到北方，整個政權就分崩離析，前秦很快就瓦解了，東晉終於又度過了一場危機，繼續在江南維持偏安的局面。

3 家道中落的困境

　　陶淵明雖然生於書香世家，但是陶家傳到淝水之戰時，家裡的經濟已經很困難，只能務農維生。眼看陶淵明的妹妹已經十八歲，陶淵明的母親孟氏為了這個女兒的婚事大傷腦筋，因為，女兒的未婚夫家，已經託媒人來提三次親了。

　　這一天，孟氏趁女兒不在時，把陶淵明找來，皺緊眉頭，對他說：「你妹妹的婚事不能再拖了，可是，我們家沒什麼嫁妝，怎麼把她嫁過去呢？」

　　陶淵明沉思了一會兒，說：「我看，只好把我們僅有的幾畝田地賣了吧！」

　　聽到要賣地，孟氏連忙說：「這怎麼可以！田賣了，我們家怎麼過生活呢！」

　　陶淵明勸母親說：「要說苦，還

有人比我們更苦。只要肯做事，就不怕餓死。」

孟氏還是憂心忡忡的說：「沒有了田地，將來有哪一個笨女子，會願意嫁到我們家當你的老婆啊！」

「呵！沒有自己的田，就向別人租田來耕種吧。我就當個日出而作，日入而息的農民，將來就娶個鄉下姑娘，來當您的媳婦吧！」陶淵明瀟灑的說。

孟氏聽自己的兒子準備這輩子就當個農夫，馬上變了臉色，說：「你怎麼可以說這種沒出息的話，你是咱們家的男孩子，將來是要當官的，否則，不是讓你白白讀那麼多書了！」

孟氏會這樣說是有原因的，因為陶家歷代不但都是讀書人，而且都是當過官的，就連孟氏的父親——孟嘉也在東晉的大將軍桓溫手下當過長吏，她怎麼可能讓這麼有才氣的兒子去當個地位低下的佃

農？

可是，孟氏不知道陶淵明對這個妹妹有多麼看重。陶淵明繼續對母親說：「妹妹她最可憐了，為我們陶家作牛作馬，從來沒享受過；她安分守己又性情溫和，我們不能虧待她。雖然沒有很豐盛的嫁妝，至少也不能讓她像個乞丐婆嫁過去啊！母親，您就把地賣了吧！將來的日子，我們再想辦法吧！」

就這樣，陶氏拗不過陶淵明的請求，就把陶家那幾畝農地賣了，籌了一些嫁妝，把女兒嫁了。

第二年，陶淵明和母親的生活更困難了。以前的日子雖然難過，但偶而還會有魚、肉可吃，自從賣了地為妹妹籌辦婚事後，三餐要見到魚、肉，那是非常不容易的事。生活雖然這樣艱苦，但是陶家本來就是個知書達禮的家庭，所以，無論再怎麼苦，他們也不會呼天搶地，四處哀嚎求助。

這一天，孟氏忍不住對陶淵明說：「兒啊！我看，娘就出去外面找看看，有沒有幫傭的工作，多少賺一點錢，貼補家用吧！」

陶淵明一聽，慚愧的說：「都是因為我這個當兒子的沒用，才連累了母親。維持家計本來就是我這個男人的事，怎麼可以讓母親出去拋頭露面呢？我已經決定，好好下田去耕作，您就打消這個念頭吧！」

「不行，你一定要好好在家閉門苦讀，求取功名。陶家能不能再入朝為官，就靠你了。你千萬不能動搖，壞了大事。」孟氏念念不忘的，還是期待陶淵明能有當官的一天。

陶淵明從來就認為，漁、樵、耕、讀，都是平等的人；他不排斥當官，甚至也希望求個功名，好讓家裡有固定的薪俸收入，改善家裡的生活。但是，他知道，眼前肚子都快填不飽了，怎麼敢奢望要光宗

耀祖，重振陶家聲威呢！他勸母親說：「娘啊！我們應該先解決三餐問題哪！這個時候，我怎麼敢和我那威名遠播的曾祖父相比呢！」

孟氏不以為然的說：「你錯了，你曾祖父也曾經是個三餐不繼的窮人，但是，他求官的志氣，從來不氣餒。當年，你曾祖父的母親，為了幫他求個一官半職，不惜把房柱砍了當柴燒，還把自己的長髮剪去賣錢，換來酒菜招待客人；甚至把床席裡的乾草剁碎，拿去餵客人的馬。這樣，終於讓那客人過意不去，推薦你曾祖父當了個小官。我覺得，你就是缺少了這樣的決心和勇氣。」

陶淵明覺得再和母親爭論下去，也沒什麼好處，就敷衍母親說：「好好好！我就閉門讀書，您就想辦法為我求官吧！」

其實，陶淵明了解，母親會有這麼頑固的想法，都是受到了「萬

般皆下品，唯有讀書高」的觀念所影響。他不想再和母親爭辯，心裡已經暗暗做了決定：他準備到城外找一塊農地，好好的耕種，換一點食物，維持家中的生活。

4 應聘家教，娶到賢妻

　　有一天，陶淵明正在田裡鋤草時，有一位叫做周續之的年輕人來找他。

　　「請問，閣下是淵明兄嗎？」周續之問。

　　「在下正是，您是……」陶淵明見這人文質彬彬，料想應該也是個讀書人。

　　「我叫周續之，特地為一件事來找您商量。」周續之坐在田埂上回答。

　　「周兄，有話請說。」陶淵明看周續之也是個隨和的人，對他有了好感。

　　「我很早就聽說，陶兄是個很有品德和學問的人，為什麼會在這裡種田，而不出去謀個一官半職呢？」周續之問。

　　陶淵明聽了，不禁苦笑說：「在

這個『上品無寒門，下品無世族』的社會，我能求到什麼官做呢？更何況我家境不好。」

「可是，陶家也算是名門的後代啊！」周續之有點不明白。

「沒錯，我家祖先也是世族，可惜不是北方的世族。」陶淵明無奈的說。

「那——您是打算一直當個農民囉！」

「有當官的機會，我就當；沒當官的機會，我也不強求。當個農夫，也不是什麼丟臉的事。」陶淵明望著遠方的山說。

周續之非常欣賞陶淵明這種坦率、豁達的胸懷。他說：「我今天來，想推薦陶兄去擔任一戶人家的家教，不知陶兄是否願意？」

「是什麼樣的人家？住哪裡？」陶淵明問。

「是柴桑的上京里，一戶東郭氏的人家，是個誠樸的農家，本來

請我當家教，但因為我最近俗務纏身，無法分身，只好答應他們，幫忙找個品學兼優的老師。我認為陶兄您就是最好的人選，若您能答應，那是再好不過了！」

「周兄，感謝您了，您的推薦就如及時雨一般，解決了我眼前的困難，我一定不會讓您和雇主失望的。」

陶淵明滿心歡喜的答應了，因為，有了這份家教的工作，不但有固定的收入，也不必常為了下田耕作的事，讓母親感到困擾。

送走了周續之，陶淵明立刻回家，向母親稟明了此事。孟氏聽了也非常高興，還一直交代兒子，擔任家教時，不要忘了努力進修，將來好求一個官職來做。

陶淵明到了東郭家，才知道東郭夫婦育有一女兩男，長女已經十七歲，陶淵明所要教導的學生，是那兩個男生。東郭家中雖不是很富

有，但是擁有耕田的牛和馱運的馬，以及不少的牲畜。尤其難能可貴的地方是，這個家庭雖然務農，但是對兒女的教育非常關心，是一個勤於勞動、充滿溫暖的小康之家。

陶淵明到了東郭家，就非常喜歡在這裡亦耕亦讀的生活。每天，陶淵明上課結束後，總還有一段時間太陽才下山，陶淵明就和他們一起出去放牛放馬，或是合力做一些雜活。有時遇到田裡的工作忙不過來，需要兩個男孩停下功課參加勞動，東郭夫婦就請陶淵明暫停教學，回家裡休息。但是，陶淵明卻寧可留在東郭家和他們一起在田裡勞動，因為他覺得田裡的農事，和讀書一樣，都有值得學習的地方。

就因為陶淵明這種勤學誠懇的態度，加上他沒有當時讀書人的臭架子，東郭氏一家人對陶淵明非常敬重，從來不曾把他當作外人。尤

其是東郭家的女兒，正值十八年華，看到陶淵明這麼有才華，不但不排斥粗賤的農事，甚至樂在其中，對陶淵明漸漸產生了好感。因為對陶淵明的尊敬和欣賞，東郭家的女兒就特別照顧陶淵明的飲食起居，連陶淵明換下的衣物，都是由她親自洗滌。她偶而也會和兩個弟弟一起讀書，好藉機親近陶淵明。

陶淵明對東郭家的大女兒，剛開始並沒有特別的印象，但是，每天看到這位東郭姑娘，操持著一切家務，又能下田幫忙各種農事，就覺得這位姑娘是一個勤儉持家的好女孩。加上東郭姑娘雖然是農家女孩，待人卻是相當溫柔體貼，絲毫沒有粗俗的氣質，陶淵明愈來愈把這個女子放在心上了。

日子一天天過去，不知不覺陶淵明在東郭家已經擔任了五年家教，當年東郭家的少年，現在都已經十九歲，即將是娶親的年齡。陶

淵明的工作也即將告一個段落。

這一天，東郭夫婦商量完大兒子的婚事，自然的想到了大女兒也已老大不小，早已超過了適婚年齡了。

東郭老爺說：「兒子就要娶媳婦了，可是他姐姐卻一直沒什麼好消息，萬一被外人誤以為女兒有什麼問題，將來怎麼嫁得出去啊！」

「你們男人就是眼珠不夠銳利哪！你難道看不出來，我們女兒的心思都在陶先生身上了。」東郭夫人笑著說。

「呵呵！妳以為我老糊塗啊！我怎麼會看不出來呢！只是我一直覺得，人家陶先生是讀書人，怎會看得上我們這個種田的女兒啊！」東郭老爺說。

正當東郭夫婦為女兒的終身大事傷腦筋時，屋子外面卻上演著一齣浪漫的愛情喜劇呢！

這天，陶淵明用過晚餐後，便

收拾好行李，準備隔天向東郭家辭行。陶淵明走出屋外，在晒穀場來回踱步，心中一直縈繞著東郭姑娘的影子，想到明天就要離開，他不覺一陣茫茫然。

就在這時，東郭姑娘竟然也心有所感似的，也走到了晒穀場，兩個人就在月光下碰面了。東郭姑娘知道陶淵明即將返鄉，這一去，兩人實在難有再見面的機會，她毅然卸下女孩子的矜持，坦率的開口問：「陶先生，我問您一件事。」

「姑娘，請說。」陶淵明心中怦怦跳。

「您我相處這麼多年，我敬愛您的品格才學，一直不曾把您當作外人看，我的心意您可明白？」

陶淵明聽了，心跳得更厲害了。自己平時很會寫文章，但是這個時候舌頭卻像打了結：「我……，我……明白。」

東郭姑娘繼續說：「這一年來，

有好幾個人家來提親，都被我婉拒了。因為，我早已打定主意，要跟著先生了。我這樣說，先生會不會覺得我是一個隨便的女子？」

這時，陶淵明再也按捺不住內心澎湃的感情了，他也坦白的說：

「我……我怎麼會……其實，我心裡也一直喜歡妳呢！只是我家裡窮，怎麼敢奢望有這樣的福氣。」

聽到陶淵明這麼說，東郭姑娘無限歡喜，說：「先生說的，可是真話？」

「我可以對著明月發誓，我所說的都是真心話。」陶淵明牽起東郭姑娘的手說。

「既然這樣，我們明天就向我爹娘說清楚，請他們成全我們。」東郭姑娘說。

第二天，陶淵明和東郭姑娘來到東郭夫婦面前，把兩人的心意都表明了。兩位家長不但沒有責備女兒，反而對於女兒能有一個歸宿，

感到非常高興。

「陶先生，我們家女兒從小沒認識幾個大字，以後還請你多多體諒與教導。」東郭老爺說。

陶淵明惶恐的說：「老爺，請別這樣說。我雖然多認得幾個字，但是家中貧窮，恐怕無法讓東郭姑娘過什麼舒服的日子。她願意和我一起過苦日子，我一定會加倍的珍惜這一份緣分。」

東郭夫人倒是比較謹慎，提醒陶淵明說：「府上還有高堂老母，不知她對這門親事，會不會有什麼意見？先生還是先回去把這事稟明了，再做決定。」

於是，陶淵明馬上趕回家，向母親孟氏報告這門親事。孟氏起初對陶淵明娶一個農家子女，不甚高興，但是，一想到陶淵明的年紀也已經接近三十，陶家的經濟情況也不理想，東郭家都不嫌陶家貧困，願意把女兒嫁過來，自己還能挑三

揀四嗎？孟氏也早已聽說，東郭家這大女兒，是一個刻苦耐勞、端莊賢淑的女孩，於是孟氏就對陶淵明說：「兒啊！既然東郭姑娘不嫌棄我們，願意跟著我們吃苦，你就快快選個好日子，把她娶過來吧！」

就這樣，陶淵明在他二十六歲這一年，完成了終身大事。一個男子，拖到了這個年紀才結婚，在當時是相當罕見的。

391 年，東郭氏為陶淵明生下第一個兒子，由陶淵明的母親幫他取名叫「儼」，字「求思」，小名「阿舒」。

5 首次當官，江州祭酒

　　也許是阿舒為陶淵明帶來了好運，陶淵明在二十九歲這一年，有了第一次當官的機會。

　　自從東郭氏嫁到了陶家，憑著她幹練的身手和不怕吃苦的精神，確實讓陶淵明的耕讀生活無後顧之憂。每天，東郭氏到城門外，為兩畝菜園鋤草施肥，把蔬菜照顧得茂盛又漂亮。附近人家都知道陶家媳婦種的菜新鮮好吃，價錢又公道，所以大家都願意買陶家媳婦種的蔬菜。也因此，陶家有了一些收入，改善了原來三餐不繼的生活。

　　陶淵明看到老婆這麼辛苦，在讀書的空閒時間，也會下田幫忙。但是，這看在母親孟氏的眼裡，卻是不怎麼舒服。因為，在她的觀念裡，總認為當官才符合陶淵明的身分。有一次，全家用過了晚餐，孟

氏又舊事重提:「兒啊！轉眼，你也快三十歲了，不要常常把時間耗在田裡呀！」

「嗯！」陶淵明知道母親的心意，所以他也不想多說什麼。

孟氏看兒子態度冷淡，轉頭對媳婦說:「妳也該勸勸妳老公，該出去闖一番事業了，不能老待在田裡。」

想不到東郭氏卻回答說:「人家說『行行出狀元』，種菜也是一種行業，沒什麼不好呀！」

孟氏有點不高興的說:「事業，當然就是指國家大事，怎麼扯到什麼種菜不種菜的！」

陶淵明對著老婆苦笑說:「娘就是要我去當官啦！妳不明白嗎?」

「可是，我看老公您並不適合當官哪！」東郭氏說。

「妳說，我兒子哪一點不適合?」孟氏的聲調更高了。

東郭氏態度從容的說:「像他這

種個性耿直，不會拍馬屁的人，要怎麼在官場待下去？」

孟氏實在不喜歡這個媳婦，因為她總是在這件事情上潑冷水。孟氏繼續說：「妳說這什麼話！我兒子是名門的後代，當官是理所當然的事。」

陶淵明看到母親和老婆互相抬槓，只好妥協說：「好好好！我當我當。那——娘，您就效法曾祖父的母親，也替我求個官位吧！」

陶淵明原以為自己說說就算了，哪知道孟氏過幾天竟然真的搭船到了京城，四處打聽當官的門路。

其實，孟氏的父親孟嘉在大將軍桓溫手下當過大官，京城的一些機關首長，對她也都不陌生，憑著她是孟家四小姐的身分，大家對她也有幾分敬重。由於孟氏的態度非常積極、誠懇，終於讓政府機關分派一個小官位給陶淵明。這個小官

職叫做「江州祭酒」，相當於現在縣政府裡的教育局長。

回家後，孟氏把這消息告訴家人。東郭氏問老公:「這『祭酒』是不是在管人家喝酒的?」

陶淵明笑著說:「不是，是負責縣裡的教育工作的。」

孟氏對媳婦說:「現在妳老公當官了，妳也算是官夫人了，就不要再去種菜了。」

想不到媳婦卻回答說:「我這種苦命人，還是適合在田裡勞動，什麼官夫人，我是當不來的。」

但是，因為婆婆孟氏的堅持，東郭氏只好暫時停下了田裡的工作，依依不捨的送陶淵明到江州去上任了。

6 上司昏庸，毅然辭官

　　陶淵明雖然不熱中當官，但他也的確想為國家社會做點事。當他滿懷希望來到了江州報到，遇到的卻是一個信奉「五斗米道」的上司——王凝之。

　　這王凝之不是別人，正是歷史上有名的書法家王羲之的二公子。因為王家是從江北遷徙到江南的名門望族＊，所以，王羲之七個兒子都在朝廷當官。王凝之此時擔任江州刺史，恰好就是陶淵明的頂頭上司，他迷信佛道，常常動用公家的經費，召集很多僧侶到廬山翻譯佛經，整天只忙著請人講經說道，而荒廢了州裡的政務，百姓對他是敢怒而不敢言。

＊王羲之的原籍是山東臨沂，從江北遷到江南後，居住在浙江紹興。

當時，社會上除了佛教以外，還流行著「五斗米道」，這是道教中的一派。「五斗米道」創始人是東漢時代的張道陵，因為入道的人都要捐出五斗米，所以稱為「五斗米道」。因為信徒都尊稱張道陵為「天師」，所以「五斗米道」又稱為「天師道」。

五斗米道傳到了西晉時，分為兩支，一部分在讀書人或當官的人之間傳播，一部分在農民中活動。王凝之似乎是「有教必信」，他不但篤信佛教，對五斗米道也非常迷信，幾乎把所有公家的經費都拿來辦宗教活動，對於各種民生建設是毫不關心。

陶淵明來到江州的第一天，先要面見長官，可是一位祕書卻對他說：「王大人不在，他到廬山念經去了。等他回來，再見他吧！」

「他在廬山念經？這裡的政務誰負責？」陶淵明覺得不可思議。

「重要的事情，就等他回來再決定呀！」祕書說。

「念經對這裡的百姓有什麼好處呢？」陶淵明問。

祕書笑一笑說：「王大人多念些經，我們江州就能風調雨順囉！有什麼不好！」

聽到王大人的祕書這麼說，陶淵明只能在內心苦笑。想到這些當大官的，拿了政府的薪水，專門做這種對百姓無用的事，陶淵明實在感到無奈啊！

陶淵明在江州等了三個多月，王凝之才忙完他的宗教大事，從廬山回來。王凝之第一次見到陶淵明就問：「你就是新任的祭酒陶淵明嗎？」

「卑職正是。」陶淵明回答。

「你以前當過官嗎？」王凝之又問。

陶淵明說：「我是第一次當官。」

「哦……」王凝之沉默了一會

兒，他以為陶淵明是一個沒什麼學問的人，當場就考問陶淵明幾個古代經典的問題。

想不到，陶淵明對王凝之的問題都能對答如流，而且，見解也非常深入。漸漸的，王凝之開始欣賞眼前這個部屬，知道他不是一個草包。

當官的日子，雖然比種田來得清閒，但是陶淵明實在看不慣官場上貪污浪費的風氣。而自己身為江州的教育主管，卻不能爭取到經費用在百姓身上，他覺得自己白領了國家的薪水，也非常對不起納稅的老百姓，因此感到十分慚愧。

有一天，王凝之找他到官舍，告訴他：「我要你去辦理發展五斗米道的業務。」

「大人，屬下不曾信奉五斗米道，可否請您另派他人？」陶淵明說。

「你沒信五斗米道？」王凝之覺

得不可思議，因為當時不信五斗米道的人太少了。

「我不信。」陶淵明重申。

「你不信五斗米道，怎麼能當祭酒呢？」王凝之的口氣變了。

「朝廷並沒有規定，一定要信五斗米道才能當官吧！」陶淵明又說。

「現在只要是有學問、有地位的人，哪個人不信！不然，你認為五斗米道都是什麼人在信呢？」王凝之問。

想不到，陶淵明竟然大剌剌的說：「都是一些平日太閒、無所事事的人。」

這話讓王凝之聽了大為光火，但是，王凝之認為自己是個講究修養的讀書人，不方便當場發怒，只好暫時壓下怒氣，說：「你可能對五斗米道有一些誤解，我還是歡迎你入道，你回去再多多考慮吧！」

就這樣，陶淵明告退離開，結

束了一場尷尬的對話。

　　事後，陶淵明內心非常掙扎，他知道，只要自己點頭稱讚五斗米道，而且遵照長官的指示去發展五斗米道，未來一定可以官運亨通。但是，這樣做卻是違背了自己的良心。陶淵明一直認為自己當官是要為百姓做事，不是為某個人或某個宗教辦事的。陶淵明心想乾脆辭官回鄉算了，但是這樣做，一定會傷透了母親的心。

　　陶淵明進退兩難，不知如何是好。辭官？不辭官？他白天想，晚上也想；想來想去，最後就決定先請假，回柴桑＊休息幾天再說。

　　可是，說也奇怪，陶淵明回到家的第二天，刺史就派人到柴桑縣來巡視，陶淵明心裡已經明白，這是王凝之派人要來查探他的動靜，只因為他不想乖乖的加入五斗米道。

　　陶淵明這時已經下定決心辭官

了。他對差役說：「你回去稟告王大人，我陶淵明不再回去當祭酒了。」

差役聽了，就趕回去報告了。陶淵明就這樣把「祭酒」這個官職辭掉了，而且稍後才告訴母親辭官的事。

「母親，兒子真的不是當官的料，所以把官辭了。」陶淵明說完嘆了一口氣。

孟氏大吃一驚，問：「為什麼？你是不是犯了什麼錯？」

「朝廷命令我當江州祭酒，就是要我到江州去辦理教育的事，結果刺史把所有的經費都拿去印佛經，辦他的宗教事業，我整天閒著沒事，愧對百姓。」陶淵明說。

「閒著沒事？又不是你懶惰，你何必辭職？」孟氏說。

陶淵明繼續說：「最嚴重的，是刺史王大人叫我放著正事不幹，要

 放大鏡

＊柴桑　此地為陶淵明的老家。

派我去推動五斗米道的事。」

「五斗米道？這是朝廷的命令嗎？」孟氏不解的問。

「這五斗米道和朝廷完全無關。」陶淵明說。

「既然和朝廷無關，王大人為什麼要這樣做？」孟氏還是不明白。

「他信這個五斗米道，已經到了瘋狂的地步。整天正事不幹，只忙著講經說道。」

「這樣的胡搞，難道朝廷都不管他一管？」孟氏也憤慨了。

「他們王家是北方的大世族，朝廷敢對他們怎樣？」陶淵明說。

「唉！」孟氏嘆了一口氣，說：「朝廷現在能在江南有立足之地，已經要謝天謝地了，還讓這些昏官這樣治理天下，這國家怎麼會好呢！」

陶淵明這次的官場經驗，也讓孟氏見識到了政治黑暗的一面。得知兒子辭官的理由後，孟氏也不敢

再勉強他，或對他發牢騷了。只是，一心想要兒子當官的孟氏，心中仍難掩失望之情啊！

7 喪妻之痛，傷心欲絕

　　陶淵明的辭官，最失望的是母親孟氏，最不在乎的是愛妻東郭氏，因為她早就了解自己的老公，是一個無法和那些貪官污吏同流合污的人。所以，陶淵明去當官了，她也不特別高興；陶淵明辭官了，她也不特別傷心。她知道平淡的日子才是最實在的；在土地上勞動的收穫，才能讓自己心安理得。所以，陶家又恢復了耕田種地的生活。

　　就在這時，陶淵明的第二個孩子也即將出生，東郭氏還是挺著大肚子下田勞動，陶淵明看了不忍，也到田裡分擔老婆的辛苦。有了一次官場的挫折，母親就不再計較陶淵明是當官的身分，不宜下田工作了。

　　對於兒子，陶淵明有感而發的

寫下他著名的〈命子〉詩十首。其中好幾首提到了他曾祖的豐功偉業，例如：

> 桓桓長沙，伊勳伊德。
> 天子疇我，專征南國。
> 功遂辭歸，臨寵不忒。
> 孰謂斯心，而近可得？

敘述陶侃曾鎮守過武昌，所以說「專征南國」；又陶侃在去世前一年曾經向朝廷懇辭，官員們苦苦的挽留他，所以寫道「功遂辭歸，臨寵不忒」。這樣高尚的節操，並非人人都可以做到，他認為其曾祖是「孰謂斯心，而近可得」。

對於兒子的期望，他寫道：

> 卜云嘉日，占亦良時。
> 名汝曰儼，字汝求思。
> 溫恭朝夕，念茲在茲。
> 尚想孔伋，庶其企而。

在這首詩裡，陶淵明提到自己為大兒子取了名字「儼」，字「求思」，是希望兒子能學習先祖孔伋（孔子的後代），繼承家學，做個品德兼優的人。所以，他說：「尚想孔伋，庶其企而」。

對於兒子，陶淵明也如一般父母一樣，有著患得患失的心理：

日居月諸，漸免於孩。
福不虛至，禍亦易來。
夙興夜寐，願爾斯才。
爾之不才，亦已焉哉！

從「福不虛至，禍亦易來」看出陶淵明對人生無常的領悟；對於兒子的日夜辛苦照顧，則用「夙興夜寐，願爾斯才」來形容。由於陶淵明的大兒子陶儼智能並不突出，所以對於孩子的將來成就，陶淵明也只能盡人事而聽天命了，所以他結尾說：「爾之不才，亦已焉哉」。

　　然而，命運多舛，東郭氏的第二胎，就沒有生第一胎時那般順利，這對陶家是一個重大的打擊。

　　一個夏天的夜晚，突然下起大雨，閃電交加。就在這時，東郭氏的腹部疼痛起來，她趕緊叫醒了陶淵明說：「我可能要生了，你把阿舒抱去給娘照顧，然後趕快去叫接生婆來。」

　　陶淵明立刻把老大交給鄰房的母親，冒著大雨，衝出去找接生婆。這時，東郭氏已經痛得在床上哀嚎掙扎，孟氏也無能為力，除了趕緊燃香向神明祈禱外，也只能叫她多忍耐了。

　　過了不久，陶淵明全身溼答答的，領著一個老婦人回來。進屋裡一看，奇怪，東郭氏現在竟然不叫了。老婦吩咐陶淵明：「快去燒一鍋熱水！」

　　陶淵明轉身就去。老婦到床邊摸摸東郭氏的肚子問：「什麼時候開

始作痛的？」

東郭氏回答：「這場大雨之前，才痛得厲害的。」

「哦？應該是妳沒注意，至少昨天就有跡象了。」

這時，孟氏和陶淵明打水進來。

「怎麼樣？還順利嗎？」陶淵明緊張的問。

「目前看來，是有一點奇怪，不過，陣痛已經減緩了，再觀察看看吧！你們在這裡不方便，先出去吧！」老婦人說。

陶淵明和母親來到了隔壁，這時天已經大亮，雨也停了。孟氏說：「但願，一切就像這天氣一樣，快快雨過天青，她們母子都能平安。」

孟氏在神案前點燃了香，和陶淵明一起祈求祖先保佑，讓東郭氏能夠順利生下陶家的後代。可是過了好久好久，卻沒聽到房間裡傳出

什麼消息，陶淵明已經隱隱的感到不祥的預兆。

好一會兒，老婦人從房間走出來，臉色黯淡的對孟氏和陶淵明母子倆說：「你家媳婦和孩子，可能保不住了。」

這話猶如晴天霹靂，讓母子兩人久久說不出話來。

「怎麼會這樣？」孟氏著急的問。

「這嬰兒是倒著生的＊，而且只有一隻腳出來。這是命，神仙也難救啊！」

陶淵明忍不住哭了起來。老婦人連忙制止說：「先生，你要忍著，你這一哭，會讓你家媳婦更難過啊！」

放大鏡

＊正常情況下，胎兒產出的正確順序，應由頭部先出來，若是由胎兒下半身先產出，甚至是肩膀、手臂等部位先產出的話，即稱為「胎位不正」。東郭氏腹中這個嬰兒是「倒著生的」，就是胎位不正。

「都沒有辦法了嗎？」陶淵明擦乾眼淚問。

「唉！」老婦人嘆了一口氣說：「胎兒死在裡面，沒辦法弄出來啊！這種事我遇見過太多了，你就好好善待你家媳婦吧！至少也要讓她走得安心哪！」

說著，老婦人默默的轉頭離開了陶家。

喜氣突然變成了哀戚，一下子籠罩了陶家。

正當陶淵明和母親不知道怎麼面對媳婦；不知道怎樣安慰媳婦時，東郭氏早已經有了自知之明。其實，接生婆費了九牛二虎之力，試圖把胎兒拉出來，胎兒卻像生了根一樣，一動也不動，她就知道母子兩人已經沒救了。東郭氏不待陶淵明來安慰她，反而安慰陶淵明不要傷心，一切都是命，自己只能怨嘆命運不讓她和這個老實的先生白頭偕老。

東郭氏知道自己該安排善後了，她把老公請到床前，說：「夫君，你託個人，去把我那個翟家表妹請來吧！」

陶淵明不明白妻子的用意，問：「妳這時候找她有什麼事嗎？」

「我有重要的事和她談，你快找她來吧！千萬不要讓我娘家的人知道我的情況！」東郭氏說。

聽老婆這麼交代，陶淵明急急的趕去，把翟家表妹找來。這翟家姑娘正是東郭氏姨媽所生，因為姨媽早逝，所以常住在東郭家幫忙農事，好就近照顧。從小和東郭氏情同姐妹，非常要好。

翟家姑娘來到陶家，一看到表姐狼狽痛苦的模樣，大哭出聲：「姐姐，妳怎麼被折磨成這樣子？」

東郭氏把情形敘述了一遍，忍著眼淚對她說：「好妹妹，這都是姐姐的命，妳不要難過。」說著又轉頭吩咐陶淵明：「夫君，你出去一下，

我有話對妹妹說。」

陶淵明退了出去，東郭氏才對翟姑娘說：「我這就要走了，唯一不放心就是妳這個耿直的姐夫和阿儼這孩子。妳姐夫是個好人；阿儼比較駑鈍，我一走，他們父子日子怎麼過？」

翟姑娘聽表姐這麼說，就知道她的意思，但是，自己怎麼挑得起這個重擔？

東郭氏繼續說：「我想把他們父子倆拜託妳照顧，不知妳可願意？妳是我唯一可以託付的人哪！」

翟姑娘心疼自己的好姐姐，也對陶淵明有好感，只是怕自己能力不夠。她說：「我恐怕不配呀！我比姐姐差太遠了。」

東郭氏說：「妳的能力我是信得過的。既然，妳不嫌棄當我兒的繼母，我就放心了。」

東郭氏寬慰不少，趕緊把孟氏和老公找來，把她的決定告訴了兩

人。眾人一聽，不禁又哭成一團。

「夫君，翟妹妹就受我拜託，來照顧你們，你要好好善待她。」

「我會見她如見妳，待她如待妳一般，妳放心。」陶淵明哭著說。

孟氏也說：「媳婦啊！我這個老人，也要感謝妳照顧陶家這麼多年哪！」

「有你們這些話，我死也瞑目了。」東郭氏面露微笑。

這一天夜裡，可憐的東郭氏就與世長辭了，陶家大小傷心欲絕，令人不忍卒睹。

五柳先生再出仕

396 年，東晉朝廷陷入了慘烈的內鬥，這是一段非常混亂的時期。

耽於酒色卻疏於國家大政的孝武帝遭人毒殺之後，朝臣只好擁立新皇帝繼位，也就是晉安帝。晉安帝年紀還小，整個大權便落到了他叔叔司馬道子的手上，因此許多朝臣都想盡辦法要討好司馬道子，只除了平北大將軍王恭，和荊州刺史殷仲堪。由於這兩人看不起司馬道子的昏庸和無能，使得司馬道子對他們倆恨之入骨。謝安的女婿王國寶知道司馬道子的心事，就常慫恿司馬道子殺了王恭和殷仲堪。

這件事情被王恭等人知道了，就聯合前大將軍桓溫的小兒子桓玄出兵，威脅朝廷必須除掉王國寶這幫人，否則將對朝廷不利。司馬道

子嚇壞了，因為桓玄、王恭、殷仲堪三人的兵力一旦聯合起來造反，他就完了。司馬道子只好殺掉王國寶，王恭等人才退兵，東晉又免於一次內戰的危機。

但是，司馬道子對於桓玄等人擁兵自重，感覺如芒刺在背，一天沒除掉這些將領，他就一天不能安睡。於是，司馬道子把兵權交給兒子司馬元顯和司馬王愉，一來可以保護京城，二來還可以找機會消滅桓玄等人。

結果，桓玄等人知道司馬道子的用心後，又發兵攻打司馬王愉，把司馬王愉給擒了。桓玄等人的兵馬又進逼京城，朝廷人心惶惶。司馬元顯於是買通王恭身邊的部屬劉牢之、劉敬宣父子，襲擊王恭，把王恭擒到京城伏法。

桓玄和殷仲堪知道王恭被殺，更把大軍進逼到京城外的石頭城，要朝廷殺了劉牢之父子，為王恭伸

冤。司馬道子知道事情鬧大了，深怕自己的大權不保，只好答應了桓玄的要求，雙方又暫時和解。

東晉就這樣打打殺殺好幾年，遍地烽火，老百姓流離顛沛，苦不堪言。大家無不痛恨朝廷無能，軍閥殘暴，但是，卻又只能忍氣吞聲，無可奈何。在這樣的背景下，給了五斗米道的信徒鼓動民心、興兵作亂的機會。

由於朝廷的腐敗，讓百姓過著水深火熱的生活，因此，當五斗米道的領導孫恩登高一呼時，很快就號召了十幾萬的百姓起義。他們到處攻擊各地的官府，人民大呼痛快，天下震動。這一年剛好是 399 年，陶淵明三十四歲。

有一天，孟氏無意中發現了陶淵明寫的一篇短文，題為〈五柳先生傳〉：

先生不知何許人也，亦不詳其

姓字，宅邊有五柳樹，因以為號焉。閑靜少言，不慕榮利，好讀書，不求甚解，每有會意，便欣然忘食。性嗜酒，家貧不能常得。親舊知其如此，或置酒而招之。造飲輒盡，期在必醉。既醉而退，曾不吝情去留。環堵蕭然，不蔽風日；短褐穿結，簞瓢屢空，晏如也。嘗著文章自娛，頗示己志。忘懷得失，以此自終。

贊曰：黔婁之妻有言：「不戚戚於貧賤，不汲汲於富貴。」其言茲若人之儔乎！銜觴賦詩，以樂其志，無懷氏之民歟！葛天氏之民歟！

陶淵明的母親孟氏是讀過書的人，她知道兒子這篇文章的意思就是：

不知道先生是哪裡人，也不知

道他的姓氏和名字，由於他的住宅邊有五棵柳樹，所以人們就叫他「五柳先生」。他為人安閒沉靜，很少說話；不會羨慕榮華富貴；喜歡讀書，但不拘泥字句；不喜鑽研無關緊要的問題。每當對書中道理有所領會時，他就會高興得忘了吃飯。先生最喜歡喝酒，但是由於家裡貧困，所以不能常常有酒喝。他的親友知道這個狀況，就會買酒來招待他。先生只要喝酒便會喝完，只希望能夠喝醉；只要喝醉了，便會自行離去，從來不會捨不得而留下。

他所住的房子裡面空蕩蕩的，遮蔽不了風吹和日晒；他所穿的衣服是縫補過的粗布短衣，飲食也常缺乏不足，但是他卻能安然自得。先生也常常寫文章來娛樂自己，很能表達出自己的心意，忘卻一切俗世的得失，就這樣過了一生。

　　古代賢人黔婁的妻子說：「對貧
窮卑賤不感憂慮，對財富權貴不
努力追求。」五柳先生大概是這一
類的人吧！暢快的飲酒作詩，使
自己的心意快樂，他就像生活在
上古純樸社會中的人啊！

　　孟氏就問兒子：「這文章中的五
柳先生，寫的就是你自己嗎？」

　　「是呀！那就是最真實的我
啊！」陶淵明坦白的說。

　　「兒啊！你才三十四歲的壯
年，就打算當個像五柳先生這樣的
酒鬼，『以此自終』？」

　　陶淵明覺得母親的「愛官症」
又復發了。

　　「只要能生活安定，也沒什麼
不好啦！」陶淵明說。

　　「生活安定？現在外面兵荒馬
亂，人民生活在水深火熱當中，你
覺得安定嗎？不要以為官場都像你
第一次當官時那麼黑暗，你應該再

出去為百姓做一點事。」

「……」陶淵明這次不知道怎麼回答了。

孟氏繼續說:「你知道孫恩是誰嗎?」

「好像是五斗米道的首領,這一次帶領百姓作亂的就是他。」陶淵明雖然隱居田園,國家社會的大事,他還是關心的。

「孫恩這批人,表面上說要為百姓出頭,卻到處燒殺、擄掠、破壞,社會被他們搞得更糟糕。這樣的情況,你這個讀書人還說『安定』嗎?兒啊!你所讀的聖賢書,就是教你要躲在這裡,過你『安定』的生活嗎?」孟氏句句話都打入陶淵明的心坎,讓他無處可躲。

「母親還是希望我出去當官?」陶淵明問。

「現在新任的江州刺史桓玄,很想有一番作為,應該和以前那個王凝之不一樣,你為什麼不去試試

看？說不定有你可以貢獻力量的地方。」孟氏說。

孟氏的一番話猶如雷鳴，在陶淵明心中轟轟作響。因為自己一下子也找不出理由反駁母親，而且對五斗米道也是深惡痛絕，陶淵明便對妻子翟氏說：「現在國家社會都不安寧，母親要我去找江州刺史做點事，家裡的老老少少就辛苦妳了。」

「你要去帶兵打仗嗎？」翟氏擔心的問。

陶淵明笑著說：「呵呵！我這種體格，怎麼是打仗的料？去動動筆或幫忙出一些點子吧！」

翟氏這才放心的說：「你寬心吧！家裡的事不用你掛念，倒是你要注意自己的身體，不要累壞了。」

第二天，陶淵明就往江州出發，開始了他第二次當官的經歷。

9 初遇桓玄，官場險惡

　　399 年，陶淵明聽了母親的話，來到了江州見到了桓玄。

　　這桓玄不是別人，他父親正是曾經掌握東晉兵馬大權，權勢震動東晉朝廷的大將軍 —— 桓溫。桓溫幾個兒子，就屬桓玄這個老么最囂張跋扈，不受拘束。只要有人威脅到自己的利益，即使是自己的親叔叔、親兄弟，桓玄也會出兵攻打他們。當年桓溫在世，桓玄年紀還小，就有如一隻鬥雞，鬥性十足，但總還有桓溫可以管他；而桓溫去世後，桓玄年紀漸長，凶暴的個性，更是無人可奈他何。

　　桓玄才三十出頭，就已經成為一方之霸，常常聯合殷仲堪、楊詮期等人，為了爭奪地方權力，威脅朝廷，造成朝廷很大的困擾。朝廷掌權的司馬道子對他們恨之入骨，

也想盡辦法要鏟除這些軍閥。

陶淵明見到桓玄時，桓玄已經殺害了殷仲堪、楊詮期兩個盟友，並侵占了他們的勢力範圍，成為荊州和江州兩地的首領。地方上一直有傳言，說桓玄這樣出賣朋友的行為實在缺德。尤其，桓玄和殷仲堪情同師徒，殷仲堪又有恩於桓玄，桓玄卻恩將仇報，這樣的作法，讓很多人看不起他。陶淵明聽到這些話，又親眼看到桓玄這個人，雖然位高權重卻心胸狹窄，常為了一點小利益對身邊的人發怒，陶淵明心裡也瞧不起這個魯夫。但是因為剛來這裡做事，要是又輕易的辭職，回家又怎能對母親交代，所以，陶淵明只好忍下來，先待一陣子再說。

桓玄看出陶淵明是個有學問又老實的人，就派給他一個差事，就是要他帶著文件去給朝廷，內容是請朝廷派桓玄帶兵去平定孫恩那批

造反的亂民。陶淵明接受命令，正準備出發的時候，桓玄又找他到面前說：「正事辦完，還有一件事情要你到京城順便打聽一下。」

「什麼事？」陶淵明問。

「你利用這次進京的機會，打聽看看，現在朝廷裡面真正服從司馬道子的是哪些人；對他不服的，可以納入我方勢力的是哪些人。還有他們有多少真正的兵力，也要探聽清楚。」桓玄說。

「送送公文，我還可以；但打聽你要的消息，恐怕得認識很多人，打通很多門路才行，我的能力恐怕不夠。」陶淵明老實的說。

桓玄聽了，笑一笑說：「你可認得陶侃和孟嘉？」

陶淵明惶恐的說：「一個是我曾祖，一個是我外公，怎會不知道。」

「哈哈！這樣就夠了。你怕沒有門路打聽消息？你進京報上你和這兩個人的關係，就會認識很多人

了。」桓玄說。

陶淵明看這件事情推辭不了，只好帶著桓玄給他的任務，搭船順著長江，往京城出發了。

陶淵明來到了建康城，趕緊把桓玄要上給朝廷的奏表呈上去，但是等了好幾天，朝廷都沒有把奏表批下來，也沒有人來接待他，看得出來，朝廷根本不重視這份奏表。他對行館的人提起陶侃和孟嘉的大名，竟然沒有幾個人知道的，畢竟，這兩位名人，和這些三、四十歲的人距離太遙遠了。

陶淵明等不到朝廷回覆的消息，不知如何回荊州向桓玄覆命。至於另一件任務，要打聽司馬道子的實力，更是難上加難。因為，京城內外的人一聽到桓玄的名字，不是露出厭惡的表情，就是乾脆直接嘲笑說：「那隻野心勃勃的狗啊！」

陶淵明現在才知道，桓玄給人家的印象是這麼的惡劣，於是再也

不敢提到桓玄的名字，他心想：「這桓玄總有一天會出事的。」

陶淵明繼續在京城留了幾天，但還是一事無成，眼見身上的旅費快花光了，想到還要回去面對桓玄的質問，心情不覺沉重起來。

陶淵明終於放棄了任務，準備搭船回荊州。那一天剛好是一個風大雨大的日子，面對這樣的天氣，陶淵明觸景傷情，寫下了〈庚子歲五月中從都還受阻風規林〉二首詩，其中一首寫道：

自古嘆行役，我今始知之。
山川一何曠，巽坎難與期。
崩浪聒天響，長風無息時。
久遊戀所生，如何淹在茲？
靜念園林好，人間良可辭。
當年詎有幾，縱心復何疑！

陶淵明用「山川一何曠，巽坎難與期」比喻命運無常，無法預

料；「崩浪聒天響，長風無息時」表面寫旅途的風雨交加，實際是暗喻東晉王朝的政局混亂。「久遊戀所生，如何淹在茲」表示自己雖然當官在外，仍然念著家鄉，不願久留。「靜念園林好，人間良可辭。當年詎有幾，縱心復何疑！」則堅定的表示，只要有機會，他就要辭去官職，回到他企盼已久的田園。

陶淵明回到了荊州，心情忐忑的去見了桓玄。桓玄立刻問他：「怎麼樣？朝廷怎麼回覆？」

「我在行館等了好幾天，就是等不到朝廷回文下來。後來，有一些小官對我說，朝廷的批覆會直接派人送到荊州來。」陶淵明據實以告。

桓玄聽了不大高興，又問：「那我要你探聽的軍情呢？」

陶淵明回答：「在京城裡，我實在沒什麼門路可以打聽實情，我曾祖和外公的名號，好像也不怎麼管

用。但是，依我看來，司馬道子父子是虛有其表，真正有實力的，是駐守在京口附近的劉牢之所率領的軍隊。」

「嗯！」桓玄不是很滿意的點頭。

陶淵明見桓玄沒有再繼續查問，鬆了一口氣，退了出來。回到了自己的官舍，遇見了劉程之。這個劉程之，和當年推薦陶淵明去東郭家擔任家教的那個周續之是好朋友，早就耳聞陶淵明的人品和文名。劉程之這幾年也在桓玄手下做事，自從陶淵明到桓玄這裡，他對陶淵明非常照顧。

「陶兄，這次去京城有什麼收穫？」劉程之問。

「哎！一事無成。朝廷根本不重視桓玄的奏表，連批都沒批。」陶淵明說。

「呵呵！朝廷大概早已經知道，桓玄根本不是要平定亂民，而

是要藉機擴充自己的勢力。」劉程之說。

陶淵明和劉程之在這裡共事，對事情的看法也比較接近，所以兩人便成為要好的朋友。陶淵明覺得自己還算幸運，在這個官府內，總算有一個可以談談心事的人。他們倆共同的看法是：這桓玄有一天一定會鬧出大事的。

10 母親病逝，
傷心欲絕

　　陶淵明到荊州一年後，才有機會請假回家探親。這一年來，他非常看不慣桓玄的待人處事，早就想辭職不幹了，只是怕傷了母親的心，只好一天一天無奈的度過。這次回家，除了探望妻兒和老母，也想把這一年來的所見所聞，向母親說明白，聽聽母親有什麼建議。

　　想不到，回家見面說不到幾句話，母親就對他說：「兒啊！我們陶家很幸運，能娶到翟氏這麼好的媳婦，把你幾個兒子養得白白胖胖的，也把我這個老太婆照顧得衣食不缺。往後你當官在外，也無後顧之憂了。你可要好好幹，不要辜負了我這好媳婦的一番苦心。做娘的看你謀得一官半職，也感到非常欣慰啊！總算有臉回去見你們陶家歷代祖宗了。」

見歷代祖宗？陶淵明聽到母親這麼說，心裡頭辭官的念頭，就梗在喉頭說不出口了。只能回應說：「母親，您應該把身體養好，怎麼可以說這晦氣的話。兒子都還沒孝敬到您呢！」

孟氏說：「我很清楚，這一身老骨頭還能讓你孝敬多久呢？只希望你當個好官，不要丟了你陶家的面子。」

「我會的，您就放心吧！」

陶淵明見母親的身體衰弱，只能說些讓母親寬慰的話，那些官場不如意的事，只能暫時的往肚子裡吞了。他在家裡享受了幾天的天倫之樂，又匆匆的回到荊州，一路上掛念著母親的身體，心想這次離家，不知道什麼時候才能再承歡膝下。

回程途中，陶淵明又寫下〈辛丑歲七月赴假還江陵夜行塗口〉，敘述心中的感觸，其中說到：

商歌非吾事，依依在耦耕。
投冠旋舊墟，不為好爵縈；
養真衡門下，庶以善自名。

　　詩中強烈的表示，周旋在官場的權勢，並不是他所願意的，他的心仍然眷戀著田野耕種的生活；多麼希望能把那頂官帽子丟棄掉，徘徊在老舊的農舍；甚至退隱修行，獨善其身，來保持自己高潔的人格。

　　另外，他也在從京城返回荊州的路上，因為掛念著家裡，而寫下了〈雜詩四首〉：

遙遙從羈役，一心處兩端。
掩淚汎東逝，順流追時遷。
日沒星與昴，勢翳西山巔。
蕭條隔天涯，惆悵念常餐。
慷慨思南歸，路遐無由緣。
關梁難虧替，絕音寄斯篇。

我行未云遠，回顧慘風涼。
春燕應節起，高飛拂塵梁。
邊雁悲無所，代謝歸北鄉。
離昆鳴清池，涉暑經秋霜。※
愁人難為辭，遙遙春夜長。

「遙遙從羈役，一心處兩端」寫出他在當官和退隱之間，進退兩難的心情。「蕭條隔天涯，惆悵念常餐，慷慨思南歸，路遐無由緣」流露出他奔波在外，掛念家中大小是否安好，憂心自己長時間不能回鄉探望他們。「邊雁悲無所，代謝歸北鄉」形容自己猶如邊塞附近的雁群，悲嘆沒有一定的住所，只能隨著季節的轉換，才能回到北方的故鄉。「愁人難為辭，遙遙春夜長」表示自己的憂愁是有口難言，因此徹夜難以入眠，感到夜晚過得特別漫長。

放大鏡

※「離昆鳴清池」一句中的「昆」是指群、眾。

　　從陶淵明的詩句中，可以感受到他仕途中的無奈，以及思鄉、思親的情懷。再一次見證了他那顆恬淡自然的心靈。

　　就在這一年的冬天，陶淵明在荊州，堂弟從家鄉帶來的信，告知母親孟氏已經病危。陶淵明立刻連夜趕回柴桑縣，但是，他還來不及見母親最後一面，母親便去世了。陶淵明傷心欲絕，忍痛和妻子合力辦完母親的後事。這段守喪期間，陶淵明不斷的想起，昔日母親朝想暮想、千萬叮嚀的就是要他這個兒子能夠謀得一官半職，好為國家做點事，也為陶家爭一點風光。無奈，自己終究對官場的爾虞我詐不能適應，一再興起辭官的念頭。現在，母親不在了，雖然再也沒有人對他嘮嘮叨叨了，但是，自己竟不能在她有生之年，讓她揚眉吐氣，想到這裡，陶淵明便感到更加的悲痛了。

11 再度辭官，重返田園

　　晉安帝元興元年（402年），東晉的政局發生了急劇的變化。朝廷細數桓玄的罪狀，準備對這個野心勃勃的軍閥開刀。驃騎將軍司馬元顯以劉牢之作前鋒，率領大軍討伐桓玄。二月時，雙方在姑孰交戰，想不到桓玄竟然大破司馬元顯的中央軍。這一場戰役，前鋒劉牢之看苗頭不對，竟率先向桓玄投降。桓玄率領大軍輕易的便打入京城，生擒了司馬元顯，後來乾脆把他殺了。接著，桓玄就自命為丞相，朝廷對他無可奈何。不久，桓玄又殺害朝中掌權的司馬道子，從此，安帝成了傀儡皇帝，桓玄完全控制了整個東晉王朝，篡位自立的野心已經暴露出來。

　　陶淵明看桓玄已經違背了一個臣子的倫理，一步一步掉入了亂臣

賊子的泥淖，他知道自己不能再繼續為虎作倀，決心離開這個野心家。正好，母親剛去世不久，陶淵明就以「重孝在身」的理由，離開了荊州。

擺脫了桓玄掌控的陶淵明，大約在隆安五年冬季，回到了家鄉柴桑，重新過著耕讀的生活。

元興元年陶淵明已經三十八歲，他的大兒子陶儼也已經九歲，第五個兒子陶佟則剛滿兩歲。在一首〈和郭主簿〉的詩中，可以看見陶淵明回歸田園的生活面貌：

藹藹堂前林，中夏貯清陰。
凱風因時來，回飆開我襟。
息交遊閒業，臥起弄書琴。
園蔬有餘滋，舊穀猶儲今。
營己良有極，過足非所欽。
春秫作美酒，酒熟吾自斟。
弱子戲我側，學語未成音。
此事真復樂，聊用忘華簪。

遙遙望白雲，懷古一何深！*

　　整首詩描繪了陶淵明離開了官場後，身心獲得了解放，過著自給自足自樂的生活。雖然在炎熱的夏季，但是房舍周遭卻是綠樹成蔭，無限清涼。因為沒有那些官場虛偽的交際應酬，所以他有很多時間可以拿來讀讀書、彈彈琴；小兒子常在他身邊鑽進鑽出，形成一幅充滿天倫之樂的溫馨景象。陶淵明陶醉在這種隱居的生活中，他認為這真是人生最難得的美事。

　　元興二年（403年）春天，食指浩繁的陶淵明一家，生計又漸漸出現窘

放大鏡

*這首詩的意思是：盛夏裡，茂密的竹林，讓整個草屋前無比的清涼。南風適時的徐徐吹來，吹動我的衣襟。我斷絕了很多交際應酬，午睡醒來，有閒情讀書彈琴。園裡的蔬果很豐裕，去年的穀子還儲存到今天。這些物質對我來說已經足夠，太多了，也不是我想要的。把一些麥子拿來釀製美酒，酒釀好了，就一個人獨自暢飲。我最小的兒子常在身邊嬉戲，他剛剛學說話呢！這些事是多麼幸福快樂啊，忘記了榮華富貴。遠遠的望著悠悠的白雲，深深的嚮往著上古時代淳樸的民風。

況，陶淵明只好多多下田耕種，減少一些吟詩作對的時間。所以，這段時間，陶淵明詩文的作品就相對少了些。

這一年，陶淵明的堂弟敬遠來找他，兩人雖然相差了十六歲，但是志趣相投。白天一起下田勞動，晚上一起吟詠詩文，孩子們也很喜歡這個性情和善的堂叔，日子倒也過得恬靜安適。只是，老天似乎不怎麼幫忙，今年的收穫，並不如往年那麼好。

「唉！難道我們晉王朝真的已經搞到天怒人怨，連老天爺都不肯賞口飯吃了？」陶淵明感嘆的說。

「聽說，桓玄已經自封為楚王，我看他遲早要篡位稱帝了。」敬遠說。

「那傢伙如果稱帝，老百姓恐怕得過更苦的日子囉！」陶淵明說。

「呵呵！大哥你要不是把官辭了，以現在桓玄的權勢，至少也能

撈個縣長的位置來坐。」敬遠開玩笑說。

「哈哈！辭官是福不是禍哪！我看這傢伙遲早要垮臺的。好在我以母喪的理由溜掉了，否則，有一天也會被他連累的。」陶淵明說。

兩個堂兄弟除了揮汗下田之外，就是這樣評論時政，或是討論一些讀書寫字的雅事，讓平靜的日子，多了一點趣味。但是，田裡的收成，因為乾旱而不見起色，敬遠深怕待在陶家，會增加陶淵明負擔，就決定暫時離開，自己到外面去闖一闖。陶淵明知道留不住他，只好含淚送他走了。

12 桓玄篡位，淵明避禍

敬遠走了之後，酒，更成為陶淵明談吐心事、抒發牢騷的好朋友。從秋天到冬天，陶淵明寫下了中國文學史上非常有名的〈飲酒詩〉二十首，他自己先說：

余閑居寡歡，兼比夜已長，
偶有名酒，無夕不飲。
顧影獨盡，忽為復醉。
既醉之後，輒題數句自娛，
紙墨遂多。辭無詮次，
聊命故人書之，以為歡笑爾。＊

陶淵明這二十首〈飲酒詩〉，大家最耳熟能詳的就是下面這段：

結廬在人境，而無車馬喧。
問君何能爾？心遠地自偏。
採菊東籬下，悠然見南山。

山氣日夕佳　，飛鳥相與還。
此中有真意　，欲辯已忘言。　＊

　　元興二年（403 年）歲末，桓玄正式篡位，改國號為「楚」，年號「永始」，並且把東晉安帝貶為「平固王」，將他從建康遷徙到潯陽。儘管南陽太守庾仄出兵反對，但很快就被桓玄擊潰了。

　　陶淵明雖然隱居在柴桑（離潯陽很近），對國家遭逢巨變的消息

放大鏡

　　＊這段文字是陶淵明寫在二十首〈飲酒詩〉之前的序言，內容是說：我獨自清閒的住在這裡，沒有什麼娛樂；加上夜晚漫長，如果有什麼名酒，我便沒有不喝酒的時候。我自己一個人獨自把酒喝完，一下子就喝醉了。喝醉酒後，我喜歡寫幾句詩句來娛樂自己，於是寫的東西就漸漸多了。但是這些文辭一直沒有按順序編排好，就請朋友把它們寫下來，大家拿來當作茶餘飯後閒聊的話題了。

　　＊這是〈飲酒詩〉的第五首，這段詩的大意是：我在這裡搭了一間草屋，沒有車馬喧嘩的聲音。問我怎麼能做到？心清靜，遠離名利就可以啦！我在東邊竹籬下栽種菊花，翠綠的廬山映入眼簾。山中的氣息以黃昏最宜人，有鳥群相伴歸巢呢！這其中美的真諦，實在想不出什麼字句來解釋了。

依然十分清楚。他內心非常厭惡桓玄這個野心家，但是，以他的情況他也沒能力介入，只能暗自慶幸自己早就離開桓玄，避免承擔亂臣賊子鷹爪的罪名。

對於黑暗的政局，陶淵明雖然心中感觸很深，但是，鑒於東晉很多文人因為發言而遭橫禍，陶淵明也擔心自己有所失言。所以，他更是勤耕於田園、放情於詩酒。

能放下身段，正是陶淵明和很多讀書人不同的地方。他隨時可以放下書卷、脫掉那一身讀書人的衣冠，踩入泥土，從事農業勞力的活動。他曾經寫了〈癸卯歲始春懷古田舍〉詩二首，描述他「務農」的心境和生活：

在昔聞南畝，當年竟未踐。
屢空既有人，春興豈自免？
夙晨裝吾駕，啟塗情已緬。
鳥哢歡新節，泠風送餘善。

寒草被荒蹊，地為罕人遠。
是以植杖翁，悠然不復返。
即理愧通識，所保詎乃淺？

先師有遺訓，憂道不憂貧。
瞻望邈難逮，轉欲志長勤。
秉耒歡時務，解顏勸農人。
平疇交遠風，良苗亦懷新。
雖未量歲功，即事多所欣。
耕種有時息，行者無問津。
日入相與歸，壺漿勞近鄰。
長吟掩柴門，聊為隴畝民。

　　事實上，陶家去年的收成是「園蔬有新滋，舊穀猶儲今」，但是到了今年，他和妻子雖然努力耕種，農作依然欠收，家裡已經沒有什麼餘糧了。陶淵明現在才後悔自己，當初沒有切實學好一個農民的本事，所以說「在昔聞南畝，當年竟未踐」。當一個稱職的農民，天未亮就要出門了：「夙晨裝吾駕，啟

塗情已緬。鳥哢歡新節，泠風送餘善。寒草被荒蹊，地為罕人遠。」描寫一早通往耕地途中的景色，山鳥清脆的鳴叫，春天的晨風拂面，荒途野草，到處掛著串串的露珠。

「是以植杖翁，悠然不復返」則暗喻自己猶如「植杖翁」，不願再重返桓玄手下，為野心家賣命了。

第二首一開頭，陶淵明就用「先師有遺訓，憂道不憂貧」表明自己仍然憂心真理能不能被實踐，而不在乎自己過著貧困的日子。

「平疇交遠風，良苗亦懷新。雖未量歲功，即事多所欣」描寫望著田野上茂盛的秧苗，隨和風起伏，心中盼望著今年有個好收成。

陶淵明下田勞動，不僅是心甘情願的，他還會勉勵其他的勞動者，所以他說:「秉未歡時務，解顏勸農人。」也因此，他在這段時間，和這些農民更加親近了，所以「日入相與歸，壺漿勞近鄰。長吟掩柴

門，聊為隴畝民」，敍述他和農民從田間回來，還常拿出酒來和近鄰共飲，或把門關起來吟唱幾首歌謠，當個自足自在的農民。

從以上詩中的敍述可以看出，陶淵明不但善意的奉勸農民要及時耕種，他還和淳樸的農民建立了深厚的感情，這和那些鄙視勞動、五穀不分的讀書人是不同的。

13 桓玄兵敗，淵明又出

　　元興三年（404 年），桓玄篡位後，很多東晉的文武百官表面上對他服從，暗地裡卻推劉裕當盟主，決定推翻桓玄政權。劉裕就連絡各地兵馬，把桓玄罪狀公告天下，號召有志之士，共同討伐桓玄，以恢復晉室。

　　這劉裕小時候家中以耕種為業，家境非常貧窮，他也沒有讀過什麼書，長大後，劉裕還上山砍柴做樵夫，甚至也在市場賣過魚和草鞋。他同時也是個賭徒無賴，因為常和販夫走卒混在一塊兒，他了解下層民眾的疾苦，也具備了冒險的膽識。他早期曾在劉牢之手下帶過兵，所以，到了隆安三年（399 年），他已經因為討伐孫恩作亂，建立了不少戰功。

　　四月，劉裕的部將何無忌和劉

道規大破桓玄的軍隊，桓玄只好挾持著晉安帝向東逃走。桓玄逃到潯陽不久，劉裕的部屬劉毅又追了上來，桓玄只好集結他在荊州的士卒兩萬餘人，和劉裕的軍隊決戰。桓玄停在長江上的戰艦，被劉道規燒得精光，他本人則在乘坐小船逃走的途中，被劉道規的先鋒官馮遷發現。馮遷跳上小船，一刀砍下桓玄頭顱。東晉一代梟雄桓溫家族，到桓玄這個不肖子，終於徹底崩潰。晉安帝又被群臣迎回京城建康，第二年，改年號為「義熙」，封劉裕為鎮軍將軍，統領十六州的軍事，也宣告了另一個梟雄——劉裕時代的來臨。

東晉的命運，就在君主昏庸無能，亂臣賊子頻燃戰火的情況下，一步一步走向滅亡的道路。而最無辜的，就是生活在亂世的老百姓，只能任由殘暴的統治者蹂躪，毫無反抗的餘地。尤其是陶淵明的老家

柴桑縣，就位在潯陽縣附近，最能感受這種遍地烽火的苦難，因為，他們幾乎沒有安定的日子可過。

桓玄被誅的那一年秋天，周續之又到柴桑來找陶淵明，看到陶淵明家裡的情況，不忍的說：「陶兄，您的日子過得苦啊！」

「唉！戰亂頻繁，民不聊生，有什麼辦法呢！周兄，怎麼有空來？」陶淵明問。

周續之答說：「我本來是來看看劉遺民的，順便來探望您。」

「劉遺民？我沒聽過。」陶淵明說。

「就是那個和您一起在桓玄手下共事過的那個劉程之啊！」

「找到他沒有？我也好久沒見到他了。」陶淵明問。

「他和您一樣，看桓玄不是個東西，早就辭官逃到廬山修道去了。」

陶淵明笑一笑說：「哈！要不是

我們都看清桓玄的野心，趕緊離開，現在可能也遭池魚之殃，不能倖免了。」

「這叫做『君子所見略同』。」周續之說。

「現在，桓玄這個禍患平定了，國家是不是從此就能安定了呢?」陶淵明擔心的說。

「應該會吧!百姓已經受苦太久了。」周續之樂觀的說。

「這剿滅桓玄的劉裕，是個什麼樣的人?可靠嗎?」陶淵明擔心劉裕會成為第二個桓玄。

「據我所知，他才比陶兄大兩歲，是貧困之家出身，應該頗能了解平民百姓之苦吧!」周續之說。

「聽周兄這麼說，你好像認識劉裕這個人囉!」

「認識哪!他現在被封為鎮軍將軍，駐紮在京口。我看他是個愛才之人，我可以介紹你們認識，搞不好他還想要借重您的長才呢!」周

續之有引薦之意。

這時，陶淵明的妻子翟氏剛好出來，聽到了周續之的話，馬上說：「我家這個老實人，出去當官兩次，都沒遇到什麼正派的人，這一次還要出去碰釘子嗎？」

這話說到陶淵明心坎裡了，他對周續之說：「我夫人說得也有道理。」

「大嫂的顧慮是很有道理，但是，現在天下剛剛安定了一些，最需要陶兄這樣的人才出來做事。何況，您家中最近的經濟情況也需要一份薪水挹注，您考慮看看吧！」

其實，周續之說的沒錯，陶家因為孩子漸漸長大，食量大增、急需營養，無奈連年戰亂，田裡的收成總不夠家裡大小食用。劉裕的崛起，的確讓陶淵明又燃起一絲的希望：也許他可以為百姓做點事，也可以養家活口。

當天晚上，翟氏殺了家裡僅有

的一隻鵝，招待周續之。用過晚餐，陶淵明和周續之兩人在瓜棚下，飲幾杯濁酒，吟詠詩文、談論時政。周續之在陶家過了一個恬靜的夜晚。

這個夜晚，周續之是一夜好眠，陶淵明卻是徹夜難眠。這一次周續之邀他再出去當官，去與不去，叫他難以決定。沒錯，家裡的日子過得很苦，但是，這種苦，一家人倒也習慣了。為了「家貧」的理由再出去當官，實在沒有那麼急迫。最讓他擔心的，是他在桓玄手下當過官，要是有人在劉裕身邊說：「這個陶淵明就是心裡還存著桓玄，才不願出來為你做事。」到時，不僅是自己要遭殃，恐怕連家人都要受到連累。另一個原因，是京口在江蘇境內，離家千里遠，讓他對家裡的大小放心不下。

第二天，周續之離開前，再交代陶淵明：「陶兄，您最近不要遠

行，在家等我好消息。」

過了一個多月，陶淵明接到周續之的來信，信中說：「陶兄速來，劉裕知道您的才學，決定命您為鎮軍參軍。」

陶淵明接到信，感到非常欣慰。心想「參軍」是將軍身旁的參謀，寫寫文書，提提意見，很符合他的志趣，應該不至於像桓玄一樣，叫他去探聽敵方的軍情。

那一天，翟氏幫陶淵明整理好行李，紅著眼眶對陶淵明說：「夫君，我知道你的個性，是很難適應官場的，但是眼前也是個機會，不該阻止你去嘗試。你要是待得下就待，待不下就回來，家裡再苦，也還不至於餓死人。」

「我知道。孩子就辛苦妳了，到了京口，我會寫信回來。」

陶淵明心中雖然不捨，但還是奔向他下一個前程了。當他路過曲阿這個地方，寫下了〈始作鎮軍參

軍經曲阿作〉，來呈現他這次出仕
途中的心情：

> 弱齡寄事外，委懷在琴書。
> 被褐欣自得，屢空常晏如。
> 時來苟冥會，宛轡憩通衢。
> 投策命晨裝，暫與園田疏。
> 眇眇孤舟逝，綿綿歸思紆。
> 我行豈不遙，登降千里餘。
> 目倦川塗異，心念山澤居。
> 望雲慚高鳥，臨水愧游魚。
> 真想初在襟，誰謂形迹拘？
> 聊且憑化遷，終返班生廬。

細讀這首詩，我們可以發現，
陶淵明這次出仕，並不全是為了肚
皮溫飽的問題；因為，他生活雖然
困苦，但早就安貧樂道；如果是為
了肚皮溫飽，他就不會說「被褐欣
自得，屢空常晏如」＊。他出來當
官，心裡頭還是覺得委屈的，因為
他志不在此。他喜歡的是自由自在

的田園生活，而不是虛偽狡詐的官僚場合。要他去扭曲人格，過那種拍馬逢迎的生活，簡直是要他的命。所以，他人才在半路，就表明「暫與園田疏」，他是「暫時」離開田園，隨時都可能回來。尤其是「我行豈不遙，登降千里餘。目倦川塗異，心念山澤居」＊。怪不得陶淵明邊走邊懷想：「望雲慚高鳥，臨水愧游魚」。羨慕起天空的飛鳥和水中的游魚：牠們是多麼自由自在啊！而自己卻要走進官場這個牢籠。於是，他心中暗暗作了決定：「聊且憑化遷，終返班生廬」＊。

整首詩都可以看出陶淵明雖然

放大鏡

＊「被褐欣自得，屢空常晏如」這段話的意思是說：穿粗布衣服、飯簞常常空乏，也很自在。

＊「我行豈不遙，登降千里餘。目倦川塗異，心念山澤居」這段話的意思是說：離開家鄉千里遙遠，看到沿途的景色都和故鄉不同，更是思念在山腳下的老家。

＊「聊且憑化遷，終返班生廬」這段話的意思是說：就消極的應付應付吧！我終究要回到我那舊茅廬的。

身在官場，心卻在「江湖」。劉裕到底能不能為國家帶來新的氣象，陶淵明雖然有過一絲的幻想，但是，基本上陶淵明還是抱著應付的心態，隨時想辭官歸隱，回去過他恬適的田園生活啊！

陶淵明抵達京口，正式上任，成為劉裕底下的參軍。過了一個月，劉牢之的兒子劉敬宣，因為平桓玄之亂有功，被劉裕拔擢為江州刺史。陶淵明就去求見劉敬宣說：「劉大人高升，要去江州任職，我能否也改調江州？」

「你為何要和我一起去江州？」劉敬宣問。

「不瞞大人，我家住柴桑縣，屬江州所管轄，我可以就近照顧家庭。」

「嗯！嗯！」劉敬宣欣賞陶淵明的坦白，也體諒他是一個顧家的好男人，就去稟告劉裕。劉裕也答應讓陶淵明跟著劉敬宣辦事，給了陶

淵明一個「建威參軍」的官職。就這樣，陶淵明又回到了江州。

想不到官場如叢林，惡鬥已經成為大官小官們的家常便飯。陶淵明跟劉敬宣調到江州，不久就目睹了另一場鬥爭。

劉毅和劉敬宣兩人同是剿平桓玄之亂的大將，劉毅早期還當過劉敬宣的部下，但是，現在劉敬宣升為江州刺史，劉毅內心很不是滋味。

有一回，有個朋友來到江州，問劉敬宣是否和劉毅有過節。

「沒有啊！他以前在我手下當過參軍，我還挺照顧他哩！」劉敬宣說。

「這就怪了，他在京城常說你的不是。」朋友說。

劉敬宣大感意外，問：「他都說些什麼？」

「他在劉裕面前常嘀咕，說你平桓玄毫無建功，給你一個郡守的

官位就夠了，現在竟然做到江州刺史，實在會讓人不服。」朋友說。

劉敬宣聽了，心情大壞，也不再說什麼。

等到客人走了之後，劉敬宣招來陶淵明，把剛才的事都告訴了他。陶淵明問：「這劉毅是個什麼樣的人呢？」

「這個人只會誇耀自己，看輕別人。心胸狹窄，從來就見不得人好。」劉敬宣說。

「那……大人有什麼打算？」陶淵明問。

劉敬宣憂心的說：「他這樣四處鼓動，到時候大家都會聽信他；要是他又把我父親當年的事加油添醋，＊我可能要遭殃了。這叫做樹大招風。這個刺史的官位，我也不是非幹不可了。」

「大人要辭職？」陶淵明大驚。

＊劉敬宣的父親劉牢之先投降桓玄，後又背叛桓玄。

「我寫一份辭職表，麻煩你送到京口給劉裕，如果他問你什麼事，你可以按照自己的意思回答他。」劉敬宣交代說。

陶淵明看劉敬宣，對這麼大的一個官位，說辭就辭，內心非常欽佩他。第二天，陶淵明領了劉敬宣給他的辭職表，就往京口出發。

經過一千多公里的旅程，來到京口見到了鎮軍大將軍劉裕。劉裕看到了劉敬宣的辭職表，大感意外，問陶淵明說：「你身為他的參軍，知不知道他為什麼辭職？」

「我只知道為他送表，不知道他表的內容是要辭職。」這一次，陶淵明學聰明了。

「嗯……你說說看，敬宣在江州做出什麼成績？」劉裕問。

「不貪污，不虐民；還算是平和。」陶淵明說出自己的觀感。

「他是劉牢之的兒子，你覺得他們父子兩人相比，如何？」劉裕再

問。

「我和劉牢之沒共事過，對他的印象都憑傳說；我只能說，劉牢之的野心大，敬宣的野心小。」陶淵明據實以告。

「嗯……你的看法還算平實，我明天就批文讓你拿回去江州。」劉裕蠻欣賞眼前這個讀書人。

第二天，陶淵明拿了批文，一刻也不多留，立即趕回江州。

回到江州，把批文給了劉敬宣，才知道劉裕准了敬宣的辭職，不過還留一個宣城內史的官位給他。敬宣對這樣的結果非常滿意，對陶淵明完成這趟任務也心存感激。

「我就要離開了，你有什麼打算？」劉敬宣問。

陶淵明經過這事，對官場叢林的黑暗有更深一層的體會，那就是你沒有實力當上大官，隨時都要命喪虎口。今天，劉敬宣算是聰明逃

過了一劫，改天是不是能這樣幸運呢？

「我是您的部屬，您辭官了，我也該回家了。」陶淵明說。

陶淵明的反應，讓敬宣內心非常佩服他的人品，心中也有了一些打算。

過了幾天，劉敬宣就回京城去擔任新職，陶淵明也回柴桑老家了。

14 歸田五月，出掌彭澤

　　義熙元年（405年）三月左右，陶淵明辭去「建威參軍」，回到了柴桑。翟氏看到丈夫回來，沒有一絲的驚訝。其實，她早就在計算陶淵明這回在官場，又能待多久。

　　看到家中大小平安，陶淵明感到非常欣慰。只不過，孩子的個子愈長愈大了，陶淵明才驚覺自己已經是個四十一歲、初見白髮的中年人了。這時的長子陶儼十二歲，陶俟十歲，陶份與陶佚九歲，陶佟七歲。

　　「一家七口的負擔可不輕啊！現在就盼望這些田地有好收成了。」陶淵明在心裡想。

　　這一天開始，陶淵明又恢復了日出而作，日入而息的生活。傍晚回到家門口，孩子成群跑來在身邊又嚷又叫，好不熱鬧；吃過晚飯，

招呼幾個鄰居，棚下喝幾口好酒，日子就這樣過了。

這期間，陶淵明有個遠房堂叔，知道他生活貧苦，舉薦他去當個小吏，但是，因為外頭還不是很平靜，陶淵明就婉拒了。

很快的，到了秋收的季節，夫婦兩人辛苦了幾天，把莊稼都收拾好，臉上卻露出了幾許的憂戚。因為，連年兵荒馬亂，田裡的收成非常差。眼看就要歲末，這個年要怎麼過呢？

「孩子們那些破衣服，補了又補，也該幫他們添幾件衣物了。」翟氏說。

「嗯……」陶淵明沉吟了好久，暗自埋怨自己無能，幾年來不曾給妻兒過個好日子。自己出去當官的這段日子，雖然多了薪水的收入，但是自己不貪不取，微薄的薪水很快就用盡了，哪能有什麼積蓄？

「先向鄰居借一些錢，過年急用吧！」陶淵明說。

就在仲秋時節，朝廷來了詔令，任命陶淵明為「彭澤縣令」。

妻子覺得納悶，問：「你在朝廷中有熟人嗎？怎麼會任命你去當彭澤縣令？」

「應該是劉敬宣推薦的吧！」陶淵明說。

「去或不去呢？」妻子問。

「這彭澤就在江州東邊百餘里的江邊，還不算偏僻。這是主官的職務，不像『參軍』那種幕僚職。這次，我不要離開你們了，縣令有官舍可住，就讓我們全家一起過去吧！」陶淵明說。

「呵呵！夫君這次又打算當幾個月的官呢？」翟氏笑問。

「妳就別挖苦我了。這次就當到妳喊停吧！」

「哈……」陶淵明夫妻兩人難得開個玩笑，兩個人都笑開了。

八月下旬，陶淵明就攜家帶眷，到彭澤上任去了。

縣令一職，雖然不是什麼大官，卻是掌管一個縣的主官。和其他幕僚職務不同，縣令還可以分配到公田可以耕種和收穫。剛來到彭澤，陶淵明就努力辦好縣政，翟氏則做起她的老本行——下田耕種，以增加家裡的收入。所以，陶家在這裡過的日子，就比在柴桑老家安定，雖然不算是豐衣足食，倒也是衣食無缺。最讓陶淵明高興的是，多了一些穀物，可以釀一些好酒，在閒暇的時候暢飲一番。

15 親妹驟逝，辭官奔喪

老天好像見不得陶淵明過幾天好日子。

當陶淵明當了彭澤令，安頓好一家大小，過了一段不用煩惱吃穿的日子時，一個壞消息又降臨到陶淵明身上。

陶淵明最疼愛的妹妹病逝了。

消息傳到彭澤，陶淵明悲痛萬分，他即刻趕到武昌去弔喪。但當他趕到妹夫家時，他妹妹已經去世三天了。

他看到妹妹身上穿的還是當年母親幫她辦的嫁妝，臉上瘦得只剩一層皮。聽說，妹妹不是病死的，而是清晨起來抱著木柴準備燒飯，不慎跌倒就暴斃了。陶淵明看到妹妹的樣子，就已經了解妹妹嫁到程家過得是怎樣的日子。

他妹夫也和他一樣，當一個地

方小官，應該也是個不貪不取、正直老實的人，否則，怎會讓自己的老婆過這樣的苦日子，活活累死在柴火之間！

想到妹妹死得這樣悽慘，陶淵明情緒都快崩潰了。這是他唯一的妹妹，這是他最疼愛的妹妹，陶淵明哭得不成人樣，旁觀的人也都被他這種兄妹之情，深深感動了。

弔喪後，陶淵明幾乎是一路哭著回到彭澤。他回來後，把自己關在屋子裡好幾天，不吃不喝，讓翟氏看得心疼萬分。過了幾天，陶淵明才對翟氏說：「我們回柴桑去吧！我再也沒心情當官了。」

翟氏聽了嚇一跳，說：「你才當三個月的縣令，就要走人，怎麼對當初引薦你的人交代？」

「老實說，妹妹的死對我打擊太大，這個縣令，我也沒心情再當下去了。」陶淵明說。

「我聽過人家因為要奔爹娘的

喪而休官，倒沒聽過為了妹妹的死要辭官的。」翟氏說。

陶淵明有點不高興的說:「我和妹妹的感情，妳是無法了解的。我妹夫當個清官，最後竟然就是讓我妹妹累死。唉！難道妳也要看我走到那種地步?」

說著，陶淵明忍不住又想起妹妹，哭了起來。這一次，連翟氏眼眶也紅了。

「既然你鐵了心，可別人家來請了幾句，又回頭當官了。」翟氏說。

雖然，和陶淵明意見有點不同，但是翟氏是一個只要丈夫下了決定，她就支持到底的妻子。

「我是真的下定決心了！回去吧！我發誓永遠不當官了。」陶淵明堅決的說。

就這樣，陶淵明當了三個月的彭澤縣令，就棄官回家了。這一次，也是他最後一次當官，回鄉後

也正式宣告：這輩子永遠離開官場了，他不再受官場那些繁文縟節拘束，決定做一個徹徹底底、完全自由的田野草民了。

回到柴桑沒幾天，陶淵明就寫下了中國文學史上最出名的一首〈歸去來兮辭〉，記錄他最後一次辭官的心情：

歸去來兮，
田園將蕪胡不歸？
既自以心為形役，
奚惆悵而獨悲？
悟已往之不諫，
知來者之可追。
實迷途其未遠，
覺今是而昨非。
舟遙遙以輕颺，
風飄飄而吹衣。
問征夫以前路，
恨晨光之熹微。

乃瞻衡宇，載欣載奔。
僮僕歡迎，稚子候門。
三逕就荒，松菊猶存。
攜幼入室，有酒盈樽。
引壺觴以自酌，
眄庭柯以怡顏。
倚南窗以寄傲，
審容膝之易安。
園日涉以成趣，
門雖設而常關。
策扶老以流憩，
時矯首而遐觀。
雲無心以出岫，
鳥倦飛而知還。
景翳翳以將入，
撫孤松而盤桓。

歸去來兮，
請息交以絕游。
世與我而相違，
復駕言兮焉求？
悅親戚之情話，

樂琴書以消憂。
農人告余以春及，
將有事於西疇。
或命巾車，或棹孤舟，
既窈窕以尋壑，
亦崎嶇而經丘。
木欣欣以向榮，
泉涓涓而始流。
善萬物之得時，
感吾生之行休。

已矣乎！
寓形宇內復幾時？
曷不委心任去留！
胡為乎遑遑兮欲何之？
富貴非吾願，帝鄉不可期。
懷良辰以孤往，
或植杖而耘耔。
登東皋以舒嘯，
臨清流而賦詩。
聊乘化以盡歸，
樂夫天命復奚疑！ *

放大鏡

＊這首〈歸去來兮辭〉的大意是：回去吧！田園快要荒蕪了，為什麼還不回去呢？既然自認為心志被形體所奴隸，又為什麼惆悵而獨自傷悲？認識到過去的錯誤已不可挽救，知道未來的事情還可追回；實在是誤入迷途還不算太遠，我已經覺悟到今天是「對」而昨天「錯」。歸去的小船輕快的飄盪前進，微風徐徐的吹動著我的上衣；向行人打聽前面的道路，怨嘆晨光還是這樣微弱迷離。

望見家鄉的陋屋，我高興得往前直奔；童僕歡喜的前來迎接我，幼兒迎候在家門。雖然庭院小路就要荒蕪，卻欣喜園中的松菊還存活；我拉著幼兒走進內室，屋裡擺著盛滿酒的酒樽。拿過酒壺酒杯來自斟自飲，看著庭院裡的樹枝真使我開展笑容；靠著南窗寄託著我的傲世情懷，覺得住得簡陋，反而容易心安。天天在園子裡散步自有一番樂趣，儘管設有園門卻常常關閉著；扶著手杖漫步，可以隨處悠閒休息，不時的抬起頭來向遠處看看。雲煙自然而然的從山洞飄出，鳥兒飛倦了也知道回巢；日光漸暗太陽將快要下山，我撫摸著孤松而流連忘返。

回去吧！我要斷絕與外人的交際應酬。既然世俗與我的心志相違背，我還駕車出遊，求些什麼？和親朋好友說說知心話，叫人心情歡悅，撫琴讀書可藉以解悶消愁。農人們告訴我春天已經來臨，我將要到西邊田畝去耕種。有的人駕著篷布小車，有的人划著一葉小舟；有時沿著蜿蜒的溪水進入山谷，有時循著崎嶇的小路走過山丘。樹木長得欣欣向榮，泉水開始涓涓奔流；我羨慕萬物能遇到好時節，感嘆自己的一生就要休止。

算了吧！寄身於天地間還有多少時日呢？何不放下心來，任憑生死自然安排！為什麼還要惶惶不安想去哪裡呢？企求富貴不是我的心願，尋覓仙境也不可期待。只盼好天氣我獨自外出，或者將手杖插在田邊去除草培苗；登上東邊的高崗放聲長嘯，面對清清的流水吟誦詩篇。就試著隨大自然的變化走向生命的盡頭，樂觀的看待生命，還有什麼值得懷疑呢！

　　為了讓人了解他寫這首詩的背景，陶淵明特地在詩之前，寫下序文，他的意思是說：

　　我的家裡貧窮，雖然努力耕種仍然不足以維持生活。孩子多得滿屋子都是，米缸裡經常沒什麼存糧。連維持日常生活所需要的花費，都沒有辦法應付。親朋好友大多勸我出來謀個一官半職，我也很高興的有著想要出仕的念頭，然而追求中卻苦無途徑。剛好天下動盪、四方多事，諸侯們廣施恩惠、愛護成德；家叔因為（知道）我家庭貧困，於是就推薦我出來當個小縣長。

　　當時天下的局勢尚未安定，我內心害怕被調到遠方做事。（剛好）彭澤離家才百里遠，公田的收入，已足夠我釀酒來喝，所以我就請求到那兒去做官。但是沒多久，我就眷戀家鄉、有著想要

回家去的情懷了。為什麼呢？因為我的本質本性率真自然，並不是矯揉造作得來的；挨餓受凍雖然迫切，但違背自己，卻讓我更加的痛苦。我曾經為別人做過事情，都是為了衣食、受到生活壓迫。於是內心深深的惆悵、感慨激動，回首平生的志向，真是深深愧疚。我仍希望能夠再做上一年，到時自當收拾行李、連夜離開。不久我嫁到程氏的妹妹病死武昌，兄妹之情讓我急得想去奔喪，於是就自動的離開職務。從仲秋到冬天，僅在官八十多天。因這件事情順合心意，就把這篇辭命名為〈歸去來兮〉。這是乙巳年十一月也。

回家後的第二年夏天，陶淵明樂在田園生活之中，又寫下了著名的〈歸園田居〉五首，其中又以下面這兩首最膾炙人口，後人幾乎可

以朗朗上口。

之一

少無適俗韻，性本愛丘山。

誤落塵網中，一去三十年。

羈鳥戀舊林，池魚思故淵。

開荒南野際，守拙歸園田。

方宅十餘畝，草屋八九間。

榆柳蔭後簷，桃李羅堂前。

曖曖遠人村，依依墟里煙。

狗吠深巷中，雞鳴桑樹巔。

戶庭無塵雜，虛室有餘閒。

久在樊籠裡，復得返自然。 ＊

放大鏡

＊這段詩句的意思是：從小沒有投合世俗的氣質，性格本來就愛好山野大自然。錯誤的陷落在人世間的羅網中，轉眼就是三十年。我過去就像籠中鳥，想念居住過的樹林；又像池中魚，思念生活過的水潭。到南邊的原野裡去開墾荒地，依照我愚拙的個性，回家耕種田園。住宅四周有十多畝地，茅草房子也有八、九間。榆樹、柳樹遮掩著屋子後簷；桃樹、李樹排列在草堂的前面。遠遠的村落依稀可見，村裡的炊煙隨風輕柔的飄揚。狗在深巷裡吠著，雞在桑樹頂鳴叫。門庭裡沒有世俗瑣雜的事情來煩擾，寧靜環境裡，多的是閒暇的時間。以前長久的像困在籠子裡生活，而今總算又能夠返回到大自然了。

之三

種豆南山下，草盛豆苗稀。
晨興理荒穢，帶月荷鋤歸。
道狹草木長，夕露沾我衣。
衣沾不足惜，但使願無違。 *

放大鏡

*這段詩句的意思是：我在南山坡下種了一些豆子，這豆田裡雜草叢生，豆苗長得非常稀少。清晨我到田裡鬆土鋤草，黃昏星星出來了我才扛著鋤頭回家歇息。雖然草木覆蓋了狹窄的歸路，露水打溼了我的粗布上衣；但是，衣服溼了又有什麼可惜呢！只求不要違背自己的心志。

16 幽默娛子，
自嘲自謔

　　義熙三年（407年），陶淵明已經四十七歲了，他還按照禮制，為妹妹守了九個月的喪，並寫了一篇〈祭程氏妹文〉。事隔一年多，喪妹的心痛才慢慢平復，陶淵明又逐漸恢復了在田野間樂天知命的生活。

　　有一天，陶淵明從田野回來的路上，看到一群野鳥翩然從頭上飛過，內心興起了無限的感慨。回家後，文思泉湧，寫下了著名的〈歸鳥〉詩，其中較淺白的兩段是：

翼翼歸鳥，馴林徘徊。
豈思天路，欣及舊棲。
雖無昔侶，眾聲每諧。
日夕氣清，悠然其懷。

翼翼歸鳥，戢羽寒條。
游不曠林，宿則森標。

晨風清興，好音時交。
矰繳奚施，已卷安勞！＊

　　陶淵明詩文中，常出現「浮雲」、「遠山」、「飛鳥」、「游魚」，表面上是寫這些景物，實際上就是「藉物明志」，抒發自己對自由的渴望。這首〈歸鳥〉也是一樣，表面上描寫的是鳥兒眾聲相鳴，有的飛，有的棲息；有的遠，有的近，多麼悠然自得，快意自在。最重要的是當日暮西山的時候，歸鳥都會找到自己的舊巢去安然棲止，再也不用擔憂險惡的陷阱來迫害或拘束。實際上，是陶淵明

放大鏡

＊第一段詩的意思是：一群歸鳥，在樹林外面留連，好像在挑選什麼。牠們不是迷失了道路！只是思念以前住的地方啊！雖然沒有以前的朋友，群鳥的聲音仍然很和諧。每到黃昏自然的氣息特別宜人，心情也特別自在。

　第二段詩則說：一群歸鳥，收斂牠們的翅膀，停在寒冷的樹枝上。不耽遊在寬闊的樹林，晚上則棲宿在茂密的枝幹上。清晨的微風令人特別舒爽，交錯著一些悅耳的聲音。擺脫了繩索的束縛，我已經安頓好自己，不再奔波了！

的思想和歸鳥的景象交會，流露他內心的渴望，他渴望離棄紅塵，隱遁於世俗之外，把心都交給天地自然的思緒。

當陶淵明像一隻歸鳥一樣，帶著一身汗臭味回到家門口，放下鋤頭，他那幾個孩子必定從草廬裡奔出，拉著父親嘰哩呱啦說個不停。孩子報告今天的所見所聞，和一些孩童間的趣事；陶淵明也會和孩子分享一些田間的自然觀察。

其實，陶淵明並不是一個嚴肅的父親。晚上，當他洗去一天的疲憊，喝了幾瓶好酒，醉醺醺的躺在門口的椅子上「曬月光」時，他那五個兒子就會來他的身邊逗弄他。

「爹，您的肚皮大得像座小山。」老么摸著父親的肚子說。

「老酒鬼又要睡了！」老三開玩笑說。

「爹，您該戒酒了。」老大陶儼算是比較懂事的。

　　看到這群雖不聰穎，但是天真善良的孩子，陶淵明一時興起，就做了一首〈責子〉詩自我調侃，從這首詩，可以看出他幽默的一面：

白髮被兩鬢，肌膚不復實。
雖有五男兒，總不好紙筆。
阿舒已二八，懶惰故無匹。
阿宣行志學，而不好文術。
雍端年十三，不識六與七。
通子垂九齡，但覓梨與栗。
天運苟如此，且進杯中物。

　　陶淵明說：我啊已老囉！鬢角都已變白啦，肌膚早就不再年輕結實啦。雖然我生有五個兒子，但他們對讀書沒有什麼興趣啊！大兒子阿舒已經十六歲了啊，懶惰是沒人可以匹敵了！二兒子阿宣雖然已到了十五歲的志學之年了，但對文學藝術都不感興趣。那阿雍、阿端也已經十三歲了，卻連簡單的六與七

都識不得。那小兒子阿通已經九歲了，卻滿腦子只有吃的，整天對梨子、栗子念念不忘啊，唉……老天爺既然這樣子對我，算啦……那就喝酒吧！喝酒最實在啦！

當陶淵明把這整首詩念完，引來孩子們紛紛抗議。

「爹，我們可沒這麼差勁哩！」阿宣大聲嚷嚷。

「是不是有其父必有其子啊！」阿端也反擊了。

「爹笑我們笨，以後不給您搥搥背了！」連阿通也不服氣了。

「呵呵呵！」孩子們愈抗議，陶淵明愈笑得合不攏嘴。

屋內的翟氏看到父子在門前這樣的嬉戲，也笑得很開心。陶淵明辭官回到這鄉野來，換來的，正是天倫之樂這項無價之寶啊！這也是翟氏最希望看到的生活。這世間還有什麼是比全家樂融融更大的幸福呢！

　　其實陶淵明的孩子，雖然不能算是絕頂優秀，但是也沒像這首〈責子〉詩說的那麼差。從這首詩，可以看出陶淵明和孩子間的互動，是很溫馨親切的，更可以看出，一個幽默隨和的父親形象呢！

17 草廬失火，生活漸困

　　義熙四年（408年），東晉在劉裕平定桓玄叛亂集團後，獲得了短暫的安定。整個國家大政幾乎掌握在劉裕一人手中，沒有人敢表示異議，劉裕掌權初期，確實也展現了雄心壯志，讓朝廷上下對他有了中興晉王朝的期待。

　　陶淵明辭官回鄉兩年來，因為政局稍微平穩下來，加上風調雨順，莊稼收成不差，所以陶家也過了一段不愁吃穿的生活。陶淵明飯飽之餘，盡情喝酒，酒後吟詠詩文，好不愜意。

　　這一天下午，陶淵明正在庭院休息時，來了一個叫田暢的客人。

　　田暢是陶淵明小時候的鄰居，有一點小聰明，但也是一株牆頭草，常常看誰對他有利，就往誰身邊靠。當初桓玄派劉程之當柴桑縣

令時，田暢知道劉程之和陶淵明的交情，就跑到劉程之面前，說自己是陶淵明兒時的玩伴，因此獲得劉程之的信任，跟在劉的身邊辦事。

後來，劉程之棄官跑到廬山和當時著名的高僧——慧遠法師學習佛法，田暢為了討好劉程之，自己也入山信了佛法。慧遠法師早就知道陶淵明的名氣和為人，又知道劉程之和陶淵明交情不錯，就想透過劉程之拉攏陶淵明也來信佛法。劉程之只好把這項任務交給田暢，要他下山來遊說陶淵明。

「田兄，今天吹的什麼風，把你吹來了？」陶淵明問田暢。

「特地從廬山下來看你的。」田暢說。

陶淵明為客人斟了一杯酒，問：「程之在山上還好吧？」

「呵呵！就是他要我邀你上山走走的啊！」田暢笑了。

「以過去我和他的交情，他只

要招呼一聲，我一定趕過去；現在，我覺得你們兩人邀我上山有特別的目的，我就不去了。」陶淵明說。

「什麼目的？陶兄你想太多了。」田暢故作不知。

「哈！你不要裝蒜了，還不是要拉我去當慧遠的信徒！」陶淵明一笑。

「這是好事啊！」田暢說。

「未必是好事啦！」陶淵明說。

「像你這輩子，學問與品格都這麼優秀，卻沒有出頭的一天，為什麼不修一修來世？說不定來世大富大貴呢！」田暢繼續遊說。

「唉呀！這輩子都無法掌握了，哪有閒功夫為來世傷神？我不信這一套。」陶淵明又潑冷水的說。

「這樣吧！信不信隨你。你就和我上山一趟，老朋友聚一聚嘛！你這樣拒人於千里之外，叫我怎麼對程之回話？」田暢還是不死心。

「就隨你怎麼回囉！說實話，要當佛教徒，十五年前王凝之那傢伙當江州刺史時，我就當了。我就是看不慣他政務不辦，只管說經印書，才辭官的。」

「呵呵！難道你信的是道教？」田暢問。

「別瞎猜了，我不信佛不信道，我信的是自然；你也可以說，我信的是我手上的這一盅酒。」

陶淵明說得這麼直率，讓田暢心裡不是很舒服，他把杯子裡的酒一乾而盡，站起來就要告辭：「既然這樣，我就回去了。」

「既然來了，何必匆匆離開。就陪我多喝幾杯，晚上在這裡過個夜，明天再走吧！」陶淵明也是一番盛情。

「不好意思打擾啦！」田暢說。

「你是嫌我這裡吃不好，睡不好？」陶淵明故意說。

「不是！不是！」田暢連忙說。

「那還客氣什麼？我們好久沒聊聊小時候的趣事了。」陶淵明說著，轉頭吩咐翟氏，再多燒些酒菜。

看陶淵明這麼誠懇的邀請，田暢只好留下來了。

這一夜，兩人在瓜棚下喝得痛快也聊得痛快。晚風徐徐吹來，田野間的蟲鳴，讓田暢也置身在恬靜的閒情逸致之中。田暢漸漸了解，陶淵明寧願在這個田野之中，當個自由自在的耕讀人，也不願和外面的俗務交涉的心境了。

陶淵明和田暢兩人一直談到深夜，才醉醺醺的就寢了。

就在這半夜，突然，翟氏的吶喊聲，驚醒了陶家所有人。

「失火了！失火了！快起來啊！」

當沉睡的陶淵明和田暢被孩子們推醒時，屋內已經是烈焰沖天，大火一連燒掉了好幾間房間。茅草

蓋的房子，一下子就被火燒得只剩下柱子。

身為客人的田暢也趕緊幫忙把家具雜物搬到遠處，整理一下陶家的家當。一直忙到天亮，大夥度過了難忘的一夜。

「陶兄，要是有什麼困難，就到廬山找我們吧！」田暢說完就回山上去了。

陶家被這場無名火燒得精光，所幸，人員都無恙，讓陶淵明夫婦鬆了一口氣。翟氏看著家園毀了，憂心忡忡的說：「這房子都燒光了，以後的日子怎麼過啊？」陶淵明只好安慰她說：「這一切都是命。我們再找個地方，安頓下來吧！」

太陽出來時，住在附近的朋友紛紛趕來慰問，並幫忙陶淵明一家人，搬家搬到村子的南邊去了。

在重新修葺好房舍之前，陶淵明只好帶著全家暫時住在江邊的船上。為這事，他還寫了一首〈戊申

歲六月中遇火〉詩，其中提到「正夏長風急，林室頓燒燔。一宅無遺宇，舫舟蔭門前」，就是描寫夏日的風勢助長大火，家中燒得精光的慘狀，以及暫時避居在船上的情況。這一場大火，讓陶淵明受到嚴重的驚嚇，所以用「果菜始復生，驚鳥尚未還」＊來刻畫他驚魂未定的心情。

人一遇到潦倒窮困時，就會想起古時候人類美好的生活模式。陶淵明也一樣，羨慕起那個可以把穀糧放在田裡，錢財丟在路上也沒人撿，睡覺不用關門，日出而作，日入而息的時代。所以他寫道:「仰想東戶時，餘糧宿中田。鼓腹無所思，朝起暮歸眠。」

但是，那個令人憧憬的時代已經太遙遠了，陶淵明羨慕之餘，也必須面對眼前的現實，好好過日子。所以他在結尾，就只能說「既已不遇茲，且遂灌西園」＊了。

　　這一場大火，讓陶家的生活再度陷入了困境。最糟糕的是，為了重整家園，這個家中勞動的支柱翟氏，竟然病倒了。這時，陶淵明才驚覺，自己所謂的勞動筋骨，根本都只是皮毛小事，真正負擔起家中生計重擔的，是他這個任勞任怨的妻子。翟氏一病倒在床上，家裡的生活就全亂掉了。

　　「夫君，萬一我就這樣走了，你們父子六人要怎麼辦？」翟氏對床邊的陶淵明說。

　　「妳不要胡說，妳會好起來的。」陶淵明心裡很清楚，要是翟氏一病不起，全家大小可能就得出去要飯了。

　　「你和孩子們一定要趁這個時

放大鏡

＊「果菜始復生，驚鳥尚未還」這兩句的意思是：果菜都重新生長了，受到驚嚇的鳥兒卻還沒飛回來。

＊「既已不遇茲，且遂灌西園」這兩句的意思是：既然已經無法遇到這種時代，只好認命好好的耕種田園了。

候，多多學習一些生活技能啊！我實在擔心，自己沒辦法再為這個家做牛做馬了。」翟氏無力的說。

「娘，現在我們都會自己練習洗衣、燒菜、煮飯了。妳不要擔心啦，先把病治好才是最重要的。」老大阿舒盡力安慰母親，只是他不敢告訴母親，今天把飯煮糊，把菜燒焦的事。

陶淵明不眠不休的在床邊照顧翟氏，連最喜歡的酒也不喝了。幾天下來，也把自己累得消瘦邋遢。懂事的阿舒看了不忍心，就拿來一小壺酒，對父親說:「爹，您到外頭喝幾口酒吧！不要也把自己累壞了。」

「酒，是平常清閒時才喝，現在你娘病成這樣子，我哪有心情喝酒?」陶淵明說。

「不然，您到外面休息吧！讓我代替你。」阿舒說。

「不用了，讓我和你娘多聚一

會兒。」陶淵明心裡對翟氏有說不出的虧欠，他怪自己從來不曾為她分擔家事，又深怕自己一離開床邊，回來就再也看不到她了。

陶淵明不敢再想下去了，他眼眶燒紅，一時忍不住，大顆大顆的淚珠竟滾下來了。

幸好，老天爺還是憐憫陶家的，在一家人細心照料下，翟氏漸漸好了起來。一直到她能踏下床，陶淵明臉上終於有了笑容，孩子們的嬉鬧聲又出現了。

「我在病中，幾乎夜夜做著惡夢，夢見你們父子六個人在街上乞討，我就一直告訴自己，我一定不能就這樣倒下去！絕對不能！」翟氏喝下第一口稀飯後說。

「妳就是責任感太重，才會把自己累垮。」陶淵明說。

「唉！我注定是要為你們陶家做牛做馬的。」翟氏苦笑。

「以後，大家應該多分擔一點

家務了，不能老是累妳一個人哪。」陶淵明說。

「你酒少喝一些，我就很高興了。」翟氏挖苦陶淵明說。

「呵呵！讓我赴湯蹈火都可以，就是喝酒這美事，不依妳。」陶淵明笑說。

「哼！我就知道你把酒看得比我還重要。」翟氏嬌嗔的說。

「錯錯錯！酒是我的生命，我把妳看得和酒一樣重要！」陶淵明解釋說。

「哈哈哈！你們兩個在這裡打情罵俏！」一群孩子闖進來起鬨說。

「哈……」陶家已經好久沒有這樣的笑聲了。

經過這場大病，陶淵明和妻子的感情更堅定，一家大小的感情，更加緊密的結合在一起了。

18 政局再變，烽煙再起

　　義一熙六年（410年），陶淵明四十六歲了，晉王朝的政局又起了變化。

　　自從桓玄叛亂被平定，平亂的三大將領劉裕、何無忌、劉毅成為最有權勢的人，他們掌握兵權，位居「三公」，主宰了東晉帝國的命運。

　　當時，劉裕留守在京城建康，何無忌駐紮在江州，劉毅則屯兵在潯陽。江州和潯陽都是在陶淵明故鄉的附近，所以陶淵明最能感受到軍隊沒為地方帶來繁榮安定，反而帶來烽火災難的害處。

　　這一年，劉裕雄心萬丈，帶兵北伐，準備收復北方的領土。劉裕大軍已經推進到雍州附近，突然接到朝廷快馬來報：廣州刺史盧循聯合徐道復叛變，已經攻到長沙，往京城建康逼近。

　　原來，盧循、徐道復兩人本來都是盜匪出身，先前假意歸順朝廷，朝廷就封他為廣州刺史。廣州位於中國的嶺南，是一個充滿瘴癘毒氣的蠻荒地帶，盧循當然非常不滿。有一天，徐道復對他說：「朝廷把我們分配到這種地方，根本不把我們放在眼裡。」

　　「可是，我們又能如何？」盧循說。

　　「為什麼劉裕他們就可以在京城富庶的地方，吃香的、喝辣的，我們卻只能在這個鳥不語花不香的地方受苦？」徐道復不平的說。

　　「人家劉裕他兵多將廣，那也是無可奈何的事。」盧循無奈的說。

　　「你要是想老死在這裡就算了，難道你也要你的子子孫孫待在這種地方？」徐道復繼續慫恿。

　　「……」盧循不說話了，他認為徐道復的話也不是沒有道理。

　　徐道復看出盧循已經動心，繼

續說:「你不要怕他們的兵力，其實，除了劉裕有些實力，何無忌、劉毅兩人根本是虛有其表、烏合之眾！我早有準備。」

「早有準備?」盧循驚訝。

「南方什麼沒有，就是不缺木材。嶺南一帶多的是上等木材，那是造船最好的材料。我們要是造出堅固的戰艦，他們那班人根本不是我們的對手。」徐道復分析說。

「那……什麼時候發動?」盧循問。

「聽說，劉裕現在帶兵北伐，京城一定空虛，我們就趁現在打得他們措手不及。」徐道復信心滿滿的說。

於是，盧循和徐道復利用半個月的時間，造好了千艘巨艦，沿著水路一下子就攻陷了長沙這個大城。

消息傳到了何無忌駐紮的江州，引起了官兵很大的騷動，只有

何無忌本人悠哉悠哉。因為他是一個非常自大的人，根本不把盧循和徐道復放在眼裡。

「這兩個流氓，太不自量力了，敢在太歲頭上動土？我們立刻發兵迎戰他們！」何無忌不屑的說。

「大人，他們戰艦多又大，又從上游往下攻，我們最好不要正面和他交鋒。應該等他們來到江州水流平緩的地帶，再殲滅他們。」何無忌的參謀鄧潛之建議說。

但是，何無忌聽不進鄧潛之的意見，二話不說就發動水師，迎擊盧循的戰艦。想不到，何無忌的船小，遇到上游沖下來的江水，一下子就被衝散了。

「大人，快快後退！」鄧潛之高呼。

「你們怕死，我可不怕死！」何無忌抵死不退，又命令水師往前衝。

這時，徐道復龐大的戰艦迎面

衝來，把何無忌的水師衝得四分五裂。戰艦上的弓箭手，往何無忌的船發射，一時箭下如雨，何無忌當場中箭身亡。何無忌的部隊潰不成軍，被擄的擄，被殺的殺，幸運不死的，趕緊逃回江州去了。

劉裕聽到何無忌兵敗被殺，感到不可思議，何無忌好歹也是一個大將軍，怎麼一下子就被敵人收拾了。劉裕率兵趕回京城，問城裡留守的軍隊:「賊兵到了哪裡?」

「已經快到姑孰了。」

「為什麼京城百姓聽到叛軍快到，沒有人要逃?」劉裕問。

「大家相信劉太尉一定可以保住京城。」說話的人正是劉毅的弟弟劉藩。

「嗯!」劉裕對這個答案感到非常欣慰。劉藩又對劉裕說:「我大哥也出兵討賊了。」

「這次叛軍的水師很強，千萬不能躁進。」劉裕說著，立刻寫了一

封急信，叫劉藩送去給劉毅，請劉毅先按兵不動，等待他的指示。

想不到這劉毅連信都沒看，就對劉藩說：「為什麼我要聽他的？你難道不知道，當年平定桓玄之亂，我和他的功勞是一樣的嗎？」

原來劉毅早就忌妒劉裕，又認為自己書讀得比劉裕多，官位卻沒比他大，心裡早就有取而代之的野心。

「大哥，我看你還是觀察一陣再說，別急著出兵。」劉藩再勸。

「我自有打算，你回去留在劉裕身邊，幫我觀察他的動向吧！」

不久，劉毅就召集兩萬水師，進攻姑孰的叛軍。想不到兩軍一接觸，劉毅才知道對方的戰艦船身高，船頭堅銳，遠遠超過自己的小型戰船。沒幾下子，劉毅的軍隊大敗，連劉毅的船都被撞碎。劉毅狼狽的跳上岸，只能像喪家之犬，徒步逃回京城向朝廷請罪。朝廷把他

降為後將軍，留守京城。

這時，盧循從晉軍的俘虜口中知道劉裕已經回來鎮守京城，心中產生了畏懼，不想直接攻打建康城。徐道復卻認為應該乘勝追擊，一舉攻破建康城。

最後，徐道復和盧循商議不成，徐道復退出營帳，嘆氣說：「不知道盧循這麼懦弱，我真的會被他害死。」

劉裕本來也擔心盧循真的進攻京城，想不到探馬來報，叛軍轉向停駐在江州、潯陽附近。劉裕大呼一聲：「太好了！我們就在那裡殲滅叛軍！」

劉裕把各路兵馬分配妥當，水陸並進，避開了盧循強大的水軍，和叛軍在潯陽展開了大會戰。雙方交戰，烽火燎原、血流成河，可憐的潯陽百姓再一次的遭遇戰火的荼毒。

陶淵明家就住在潯陽附近，也

不能倖免於難，軍隊一過，不是將各地洗劫一空，就是強拉民女，強徵民夫。還好，陶家只是破財，一家大小生命無恙。

19 遷居南里，
詩酒互通

　　義熙七年（411年），劉裕率領的軍隊，終於剿滅了盧循等人的叛亂。隔年，劉裕又剷除了對他有異心的劉毅、劉藩兄弟的勢力，整個東晉王朝的權力，幾乎落入劉裕手中。只要劉裕點頭的，沒人敢反對；只要劉裕反對的，沒人敢點頭。劉裕對晉王朝的野心，漸漸的暴露出來了。陶淵明對這情勢的演變，感到憂心忡忡，隱隱的覺得，另一個桓溫又出現了。

　　這一年，陶淵明已經四十七歲了。陶淵明舉家移居到「南里」，這裡雖然更偏僻，但是卻能避開戰火。

　　其實，遷居到南里還有一個原因，那就是南里住著幾位思想、情操和文化品味與他接近的人，他和這些人朝夕相處，生活有趣多了。

他在一首〈移居〉的詩中，提到新
鄰居帶來的樂趣：

昔欲居南村，非為卜其宅。
聞多素心人，樂與數晨夕。
懷此頗有年，今日從茲役。
弊廬何必廣？取足蔽床席。
鄰曲時時來，抗言談在昔。
奇文共欣賞，疑義相與析。 ＊

陶淵明雖然喜歡過著田園的耕
讀生活，但是，基本上他還是個詩
人，所以，能有一些「素心人」在
一起飲酒作詩，對於激發他的創作
熱情是很有幫助的。試想：鄰里之
間如果平日各自務農，下工後又能
夠共享品酒作詩的樂趣，那是何等

放大鏡

＊這首是說：我想要遷到南村，並不是為了什麼好風
水。聽說有很多心地淡泊的人，我喜歡和他們朝夕相處。想要這樣做已
經好幾年了，今天才付之實行。草廬何必要寬廣？只要能躺能睡就夠了。
鄰居常常來造訪，大夥高聲的談古論今。有奇妙的文章就拿來分享，互
相討論有疑問的地方。

的高尚情調啊！陶淵明就是這樣浪漫的人。

不過就在這愜意的生活中，又發生了一件讓陶淵明悲痛的事：陶敬遠去世了。

陶敬遠是陶淵明的堂弟，兩人雖然相差十六歲，感情卻非常要好。陶敬遠還曾經一度和陶淵明一起過著耕讀的生活。陶淵明寫的祭文中說「情惻惻以摧心，淚泯泯而盈眼」，可見陶淵明傷痛之深。敬遠三十一歲就亡故，陶淵明當然受到很大的刺激，他的悲痛不是一篇短短的祭文就能說清的。

陶淵明去奔敬遠的喪，過了好幾天才回到柴桑。一進門就看到鄰居殷景仁來找他。這殷景仁住在隔壁，也愛詩文也愛酒，和陶淵明非常談得來，他的妻子和翟氏感情也很要好。

「陶兄，這幾天你到哪裡去了？不能和你一起喝酒，實在悶得

慌。」殷景仁問。

「我堂弟敬遠去世了，我去弔他的喪。」陶淵明頹喪的說。

「怪不得你臉色不對，節哀啊！」

「才三十一就走了，叫我怎麼不傷心哪！」陶淵明眼眶又紅了。

「這麼年輕啊！老天實在無眼！」殷景仁說。

「老天如果有眼，怎麼會讓百姓年年受戰火荼毒，生不如死啊！」陶淵明感嘆著，又問：「殷兄好像有事找我？」

「實不相瞞，有一事特來請教。」殷景仁說。

「有話就明說吧！」

「我以前曾經在劉毅手下做過事，現在他被滅了，我怕會被連累獲罪。」殷景仁擔心的說。

「那你就寫個表上去，向上頭表明當初你在劉毅手下做事，是身不由己嘛！」陶淵明說。

「這有效嗎？」

「我當過劉裕的參軍，知道他最在意人家對他交心，最厭惡人家蓄意隱瞞。」陶淵明說。

「那我就試試看囉！」

過幾天，殷景仁照著陶淵明的指點，向劉裕上表告白一番，想不到劉裕真的不計較，還給了他一個參軍的職位。

劉裕知道陶淵明還隱居在柴桑，於是要殷景仁回來勸他出來當官。殷景仁對陶淵明說了，卻碰了一個軟釘子。

「我要是想當他的官，當年就不會離開他，現在豈不更飛黃騰達？」陶淵明說。

「我去他手下做事，你會不會看不起我？」殷景仁不好意思的說。

「呵呵！人各有志，我怎會看不起你？只是官場如叢林，你要謹慎就是了。」

聽陶淵明這麼說，殷景仁更加

欽佩他高尚的人格了，立刻回家拿來好酒，兩人又是喝得醉醺醺，直到深夜才各自散了。

20 一場重病，幾乎喪命

義熙十年（414年），陶淵明已經五十歲了。這一年，一場大病幾乎奪走了他的老命。

陶淵明很早就有一種麻煩的病，叫做「痁疾」。這種病類似於瘧疾，但是它發熱不發冷，一發病常常就不省人事。其實，陶淵明已經好幾年沒發病了，大概是年紀大了，抵抗力減弱，所以痁疾又復發了，而且情況比以前更加嚴重。

翟氏照顧陶淵明一個多月，延請了很多醫生，病情依舊沒有好轉，連一向樂觀的她也知道大事不妙了。

眼見父親一直昏迷不醒，陶儼對母親說：「娘，我看父親好像不行了。」

「我當然明白。」翟氏沉重的說。

「那……現在怎麼辦?」陶儼問。

「該做的事還是要做，愈是這樣，我們愈要保持鎮靜，生活要正常的過下去。你父親是一個對生死看得很開的人，一切就順其自然吧。」翟氏說。

後來，陶儼在舊居裡，發現母親為父親準備了一口棺材，才知道母親早已按部就班的準備父親的後事。

「母親真是個能幹的人，這種常人遇了會慌亂的事，都被她處理得井然有序。」陶儼心裡好敬佩。

所以，陶家雖然面臨這麼大的事故，但是，有了翟氏的處理，外人也看不出有什麼異樣。但說也奇怪，過了幾天，陶淵明的氣色竟然漸漸的好轉。

「老公啊!可能閻羅王還不想要你這個酒鬼、窮鬼回去吧!」

翟氏對著床上的病人開玩笑，

隨後又趕緊宰了一隻大公雞，燉了雞湯給陶淵明喝。

這樣過了七天，陶淵明沒有再發熱，逐漸清醒過來。當陶淵明看見一家人為他憔悴了許多，內心又感謝又抱歉。對於自己從鬼門關前轉了一圈又回來，陶淵明感觸良多，在病榻旁寫了〈輓歌詩〉三首來悼念自己，其中一首是：

有生必有死，早終非命促。
昨暮同為人，今旦在鬼錄。
魂氣散何之？枯形寄空木。
嬌兒索父啼，良友撫我哭。
得失不復知，是非安能覺？
千秋萬歲後，誰知榮與辱？
但恨在世時，飲酒不得足。

整首詩的意思是：生命有開始就有結束，即使我早逝了，也不是什麼夭折短命。昨晚你還和我同樣是人，今早我已經成為鬼魂了。我

的靈魂到哪裡去了呢？只剩下枯乾的身體放在棺材裡。孩子一直對我哭啼，好友撫著我的身體掉淚。死亡到底是得，還是失呢？你們怎麼知道呢？是對是錯，你們又怎能了解呢？千萬年後，誰還能記得現在的尊榮或恥辱？我唯一感到遺憾的，就是這輩子酒還是喝得不夠哪！

面對生死這麼重要的事情，陶淵明仍然是這一副無所謂的態度，可見他是一個多麼豁達的人；連生死都不計較了，還有什麼值得去苦苦追尋的呢？這就是把自己生命託給自然的人；這就是真真實實的，可愛的陶淵明。

這一年冬天，陶淵明的病完全好了，廬山卻傳來劉程之去世的消息。

陶淵明對這個老朋友的去世，一點也不覺得悲傷。並不是陶淵明無情，一來，他本來就覺得生死是

很平常的事；二來，他一直婉拒劉
程之要他上山學佛法，兩個人的觀
念愈差愈遠，感情也就慢慢淡了。

21 一生最好的朋友

　　或許是老天爺憐憫陶淵明一直沒有知心好友，在他五十三歲的晚年（417年），為他帶來了一個這輩子最要好，也是幫助他最多的朋友──顏延之。

　　顏延之跟著新的江州刺史劉柳來上任，聽說這裡住著一個隱逸的詩人陶淵明，就提著美酒來拜訪他。陶、顏兩人一見如故，更巧的是，顏延之也是個愛酒之人，無論是酒量或酒品都和陶淵明不相上下。唯一不同的是，翟氏從不管陶淵明喝酒，顏延之的老婆卻非常討厭他喝酒，曾經為他喝酒的事，氣得跑回娘家去。

　　顏延之雖然在官場，卻是一個光明磊落的漢子，說話從不拐彎抹角，和陶淵明在一起，該附和就附和，該吵就吵，絕不虛情假意。來

到江州半年，除了公務時間，顏延之常常就往陶淵明的地方跑。兩人一見面就是喝酒，喝了酒就談古論今，不然就吟詩作對。兩人因為志趣相投，所以成為亦師亦友的好夥伴，感情勝過親兄弟。

陶淵明覺得，有了顏延之這個酒友，是他生命中最快樂的日子。

有一個夏日的午後，顏延之來找陶淵明，陶淵明扛著鋤頭正要下田去。

「老兄，現在不是上班時間嗎？你怎麼來了？」陶淵明問。

「來找你喝酒，聽你說些新鮮事。」顏延之臉色有點不對。

「呵！酒，上班時間不能喝；新鮮事下班可以談。你今天很奇怪哦！」陶淵明說。

「唉！怕沒幾天可喝了。」顏延之嘆了一口氣。

「呸呸呸！大白天說什麼鬼話！」陶淵明逗他開心。

「我要調到中央了。」顏延之說。

「真有這事？」

「劉柳要回中央做尚書，我也要跟他去啊！」顏延之解釋說。

「這樣說來，你也升官囉！」陶淵明說。

「升官？還不如留在這裡和你喝酒好。」顏延之說。

「那我今天不下田了，我們倆喝個夠！」陶淵明回頭對屋子裡呼喚：「阿宣，幫老爸拿幾罈酒出來。」又對顏延之說：「老兄，不醉不歸！」

「那可不行，要是害你田裡莊稼枯死，我罪可大了。」

「莊稼枯了，明年可以再種，朋友走了，何日能再來？這時不喝酒，還待何時？」陶淵明有點感傷了。

顏延之聽了這段話，感動得說不出話來。這一天，兩人從下午一直喝到晚上；從晚上一直喝到深

夜，直到夜深人靜，顏延之才帶著濃濃的離愁回家。

22 劉裕給官，淵明婉拒

　　自從顏延之和劉柳回中央後，江州來了一個新任的刺史檀韶。檀韶身邊的祕書羊松齡就住在陶淵明家附近，平日也愛喝酒，和陶淵明也頗有交情。

　　義熙十四年（418年），陶淵明五十四歲。太尉劉裕率大軍北伐，滅掉了北方的後秦帝國，建立了更高的威望。檀韶帶著羊松齡進京向劉裕慶賀時，劉裕問起陶淵明的近況。羊松齡把陶淵明寫的詩呈給劉裕看，劉裕非常讚賞陶淵明，隨後就用朝廷的詔書，徵召陶淵明擔任「著作佐郎」。

　　這一天，羊松齡從京城回來，馬上帶著好酒，去向陶淵明報告這個好消息。

　　「太尉看了你的詩，一直誇你呢！」羊松齡說。

「哦？據我所知，他沒讀過書，會看得懂我寫的詩？」陶淵明冷淡的說。

「你不要一副冷冰冰的樣子嘛，他誇了又誇，說一定要好好重用你，所以就先給你一個『著作佐郎』的官職啊。」

「松齡啊！你難道不知道『著作佐郎』是幹什麼的嗎？」陶淵明問。

「不就是幫朝廷記錄歷史，又不是叫你去做壞事。」

「以前的官，我都辭了；這樣的官，我更不能當。」

「有這麼嚴重嗎？」羊松齡納悶的問。

「你想想想，按照朝廷目前的局勢發展下去，我要怎麼記錄這段歷史呢？像他以前的戰友劉毅死在他手上；他還把皇室的賢臣司馬休之活活害死。你來教教我這段歷史該怎麼寫？」陶淵明暗示羊松齡，有朝

一日劉裕必定篡晉稱帝。

羊松齡聽了臉色大變，一時說不出話來。

「呵呵！這種事，你心裡應該比我更清楚啊！」陶淵明說。

「那你準備怎麼辦呢？」羊松齡問。

「要是我寫真話，我一定人頭落地；要我寫一些拍馬屁的話，簡直是要我的命。所以，乾脆就回他說，我年齡老邁，身體有病，不能勝任吧！」陶淵明繼續說：「好了！不談這些令人煩擾的事，喝酒吧！」

羊松齡聽了，知道陶淵明鐵定不當這個官了，就不再勉強他，他對陶淵明的人格更是佩服不已。祝賀雖然不成，羊松齡倒是在陶淵明家喝得酩酊大醉才回家。

陶淵明是人醉心不醉，他雖然常喝酒喝得醉醺醺，但是對時事的觀察卻相當敏銳。「昔日戲言身後事，今朝都到眼前來」。陶淵明婉

拒劉裕詔書的這一年十二月，大權
在握的劉裕，終於不甘委屈為人臣
子，他先殺害了安帝，第二年（419年）
再另立司馬德文為晉恭帝，改年號
為元熙。又過不久（420年），劉裕就強
迫恭帝禪讓皇位，他正式稱帝，改
國號為「宋」，年號為「永初」，
是年為永初元年。

23 暗戀桃花源

雖然劉裕篡晉，早在陶淵明的預料之中，而陶淵明對晉室那些昏庸的皇帝也沒什麼好感，但是聽到劉裕篡了晉的江山，他還是忿忿不平。因為陶淵明的曾祖是晉帝國的開國功臣，如今，劉裕篡晉，陶淵明自然也是痛心疾首的。

但是，時勢已無法改變，陶淵明身為一個手無寸鐵的文人，面對這種黑暗的勢力，又能如何？改朝換代，那些想當官的繼續巴結劉裕，不想當官的又有幾人？

陶淵明自從義熙元年徹底歸隱，整整十五年間，他藉著田園的勞動，藉著喝酒來隔絕外界的污染；藉著不斷的寫詩，來砥礪自己不可同流合污。所以，他在滾滾的濁流中，始終保持著高潔的品格。

面對劉裕竊取帝位，陶淵明沒

有刀、沒有槍能做什麼激烈的反應，但是他有「筆」，一枝可以流傳後世的筆。他用軟性的「微言」來呈現「大義」。所以，他在永初二年後（劉裕殺害晉恭帝後），寫了很多詩，詩中常出現暗喻朝政、諷刺劉裕的句子。其中，一直為後代傳誦的，就是這一篇千古佳作〈桃花源記〉：

　　晉太元中，武陵人，捕魚為業。緣溪行，忘路之遠近。忽逢桃花林，夾岸數百步，中無雜樹，芳草鮮美，落英繽紛。漁人甚異之。復前行，欲窮其林。林盡水源，便得一山。山有小口，彷彿若有光。便捨船，從口入。

　　初極狹，纔通人；復行數十步，豁然開朗。土地平曠，屋舍儼然。有良田、美池、桑、竹之屬，阡陌交通，雞犬相聞。其中往來種作，男女衣著，悉如外

人；黃髮垂髫，並怡然自樂。見漁人，乃大驚，問所從來。具答之。便要還家，設酒、殺雞、作食。村中聞有此人，咸來問訊。自云先世避秦時亂，率妻子、邑人來此絕境，不復出焉，遂與外人間隔。問今是何世。乃不知有漢，無論魏、晉。此人一一為具言所聞，皆歎惋。餘人各復延至其家，皆出酒食。停數日，辭去。此中人語云：「不足為外人道也。」

既出，得其船，便扶向路，處處誌之。及郡下，詣太守，說如此。太守即遣人隨其往，尋向所誌，遂迷不復得路。南陽劉子驥，高尚士也。聞之，欣然規往，未果。尋病終。後遂無問津者。

整篇文章的意思是：東晉太元年間，有個武陵人以捕魚為業。有

一天他順著溪流划行，忘記了自己走了多遠。忽然見到一片桃花林，桃樹夾著溪流兩岸，長達幾百步，中間都沒有別的樹，地上長著鮮豔美麗的香草，墜落的花瓣繁多交錯。漁夫很驚異。他再往前走完那片桃花林。桃花林在溪水發源的地方就消失了，緊接著就看見一座山，山上有個小洞口，裡面好像透出亮光。漁人就丟下小船，從洞口走進去。

剛開始洞口很窄，只容得下一個人通過，又走了幾十步，突然變得開闊起來。洞裡面有開闊平坦的土地，整整齊齊的房屋，還有肥沃的田地，美麗的池塘和桑樹竹子。田間交錯著互通的小路，村落間能聽到雞鳴狗叫的聲音。裡面的人們來來往往的耕作，男女的穿戴完全和外面的世人沒有兩樣。老人和小孩都悠閒的自得其樂。

村裡頭的人看見漁夫，十分驚

奇，問漁夫從哪裡來。漁夫就詳細的回答他們。他們就邀請漁夫到家裡去，擺酒殺雞來招待他。村民聽說有這樣一個人來到，都來打聽消息。村人說：「我們的祖先為了躲避秦朝時候的禍亂，才帶領妻子兒女和一些同鄉來這個與世隔絕的地方，沒有再出去過，於是就和洞外的世人隔絕了。」他們問漁夫現在是什麼朝代？他們竟然都不知道有過漢朝，更不必說魏晉了。這個漁夫一一為他們說出自己知道的情況，那些人聽了，都非常感嘆驚訝。其他的人各自又邀請漁夫到自己的家中，都拿出酒菜來招待他。漁夫住了幾天，就要告辭了。村裡的人告訴他說：「千萬不要把這裡的情況對外面的人說啊。」

漁夫出來後，找到了他的船，就沿著來時的路回去，一路上處處做了記號。回到郡裡，趕快去拜見太守，報告了這些情況。太守立刻

派人跟著他前去，尋找先前做的記號，可是大家都迷失了方向，沒有再找到原來的路了。南陽的劉子驥，是個高尚的名士，聽到這個故事，高高興興的計畫尋找桃花源。可是一直沒有實現，不久他就病死了，後來就沒有探訪的人了。

陶淵明在這篇文章中，呈現的是一個沒有爭奪殺伐，沒有政爭以致年號時常更替的社會。陶淵明一輩子經歷了太元、隆安、義熙、元熙、永初五個年號，意味著四次政治的重大變故。而桃花源裡卻是一個「不知有漢，無論魏、晉」，沒有年號的社會，所以雞犬相聞，人與人之間和睦相處，土地肥美，人民豐衣足食。這正是陶淵明夢想中的國度。

陶淵明在文章中唯獨標明的年代是「晉太元中」，而不提劉宋，是陶淵明藉著以前的美好年代，反諷著眼前黑暗的時代。因為陶淵明

對這些權臣、政客的鬥爭，早已經深惡痛絕，藉著這個桃花源的純潔來襯托這些人的污穢。

陶淵明也在故事的最後，告訴大家，那個社會已經無法找尋。所謂「遂迷，不復得路」，正代表他內心的無奈，因為桃花源已非常遙遠，不可追尋，他只能暗自嚮往桃花源的生活了。

24 風中殘燭，淪落乞食

　　劉裕雖然篡晉得天下，但是老天爺卻只給他坐了兩年的龍椅。永初三年 (422年) 五月，他就一病不起，嗚呼哀哉。宋少帝劉義符繼位，改年號為景平。可是這宋少帝只不過是一個十七歲的少年，成天只知道吃喝玩樂，皇位坐不到兩年，又被群臣所廢，改立劉義隆為帝，就是宋文帝。

　　宋文帝即位，又改年號為「元嘉」。這時候的陶淵明已經六十歲了，健康和家境已經都陷入困窘的境地。古人說「人怕老來窮」，陶淵明貧病交迫，一來是因為從去年一直生病到現在；一來是因為長年飲酒傷了身體。

　　這一天，他的老朋友顏延之，提著兩壺酒到柴桑來看他，一見到陶淵明的臉色，大感驚訝：「陶兄，

184

你怎麼把自己弄成這樣子？我都快認不出你來了！」

「唉！活不好，也死不了。你是不是又升官了？」陶淵明問。

「喝！別提了。現在朝廷又換人當家，我被貶到外地當太守了。路過這裡，特地來看看你。」顏延之說。

「這樣最好，你可以常來陪我喝酒了。抱歉囉！今天家裡沒酒了，就打開你的酒喝吧！」說著，陶淵明一雙手危危顫顫，就來開酒，一不小心斟得滿桌都是。

顏延之看了非常不忍，想不到才幾年不見，陶淵明竟然衰老成這樣子。

「陶兄，你就少喝點吧！」

「呵！還好，你我都是自己人，別見笑了。」陶淵明斟酒就喝。

顏延之陪陶淵明喝了幾杯，暢談一下別後發生的大小事，但是心中掛念著陶淵明現在生活的窘狀，

突然對陶淵明說：「我出去一下就來。」

過了不久，顏延之回來，從懷裡掏出一袋銀子，遞給陶淵明說：「這裡是兩萬錢，你先收下。把身體打點好，家裡照顧好。今天我只是路過，改天再來看你。」

陶淵明太了解這位親如兄弟的顏延之了，大方的收下錢。笑著說：「我的好兄弟，你要常來哦，和你喝酒的機會不多了。」

陶淵明得到顏延之的接濟，先把欠商家的酒錢還了，又買了一些酒回家。顏延之離去後，陶淵明心中除了感謝，心裡更是明白：今日一別，這副病身子沒有多少機會能再和好朋友暢飲了。

其實，陶淵明是不隨便接受別人餽贈的。元嘉二年，陶淵明的愛妻翟氏病逝，六十二歲的陶淵明經濟和健康狀況更是每況愈下。有一天，江州刺史檀道濟來探望他。這

個檀道濟不是別人，他正是劉裕手下的大將，劉裕死後，他就在朝廷翻雲覆雨。

檀道濟來到陶家，看到陶淵明骨瘦如柴的躺在床上，問他：「你現在人還好嗎？」

「我餓倒好幾天了。」陶淵明老實說。

「現在是劉家天下，太平盛世。像你這樣的賢人，要是肯出來當個官，就不會餓成這個樣子了。」檀道濟說。

「呵！我可不是什麼賢人，沒有那麼大的志氣。」陶淵明冷冷的回應。

檀道濟和陶淵明話不投機，就回去了。他回去之後，派個僕人送了一些糧食和酒肉來。陶淵明見到這僕人，便問：「你是什麼人啊？」

那僕人回答：「我是檀將軍的僕人。檀將軍要我送糧食來給您。」

「你把送來的東西帶回去吧！

他是劉家天下的大紅人，我吃不起他的東西。」

那僕人見苗頭不對，就拎著東西回去了，陶淵明就這樣又餓了一天。

陶淵明看不起劉裕的走狗，他寧可去向鄰人乞食，也不願接受這種人的施捨。這種倔強的節操，古今少有了。

從陶淵明晚年寫的一首〈乞食〉，就可以看出他當時生活是多麼潦倒了：

飢來驅我去，
不知竟何之？
行行至斯里，
叩門拙言辭。
主人解余意，
遺贈豈虛來！
談諧終日夕，
觴至輒傾杯。
情欣新知歡，

言詠遂賦詩。
感子漂母惠，
愧我非韓才。
銜戢知何謝，
冥報以相貽。 *

　　一個劃時代的大詩人，竟然淪落到這種地步，實在令人目不忍睹。

＊全文的意思為：因為飢餓，我必須去乞食，不知道要往哪個地方去，走著走著，就走到這個村子，敲了人家的門，卻不知道怎麼開口。主人一看，就知道我的來意，他餽贈我一些食物，讓我不空跑一趟。主人還和我閒聊了一天，酒杯拿來，就把酒倒滿喝光。我們好像交了一個知己那樣高興，還一起吟詩作對，詠頌佳句。我感覺主人待我，就如同當年洗衣老婦贈飯給韓信一樣，只是我慚愧自己沒有韓信那樣的本事，我老態龍鍾了，要怎樣來報答人家呢？只有等到來生再報答主人的恩惠了。

25 野菊凋零，
長留芬芳

　　元嘉四年（427年）九月，陶淵明一病不起，他知道這次可能撐不過去了，就把孩子找來。

　　「我知道我的生命已經走到盡頭了，你們無須悲傷，生死都是自然的事，後事簡單辦一辦就好，不要驚動太多人。」

　　「爹，我請醫生來救您，您別洩氣。」陶佟說。

　　「我再寫信請顏叔幫忙吧！」陶儼想到顏延之。

　　「不可！」陶淵明制止說：「上次他接濟我們兩萬錢，已經是最大的心力了，我們不能把人家的幫助視為當然。何況，我這次真的沒活的可能了，不要多花一毛的冤枉錢。」

　　說完，陶淵明對孩子揮揮手要他們出去。他微閉雙眼，過去的生活片段一一浮現在眼前。陶淵明覺

得自己一生光明磊落，即使窮困潦倒也堅持保有乾乾淨淨的人格，他活得有尊嚴，對得起自己，也對得起陶家祖宗了。

第二天，陶淵明一息尚存，寫下著名的〈自祭文〉，概述了他一生坎坷的經歷，並交代了後事的處理。其中談到自己對生命的看法：「識運知命，疇能罔眷；余今斯化，可以無恨。壽涉百齡，身慕肥遯＊，從老得終，奚所復戀？」＊

從上面這段文字，可以看出陶淵明對生死，始終抱著自然豁達的態度，就像一朵淡淡的野菊花，自然的開過，自然的凋謝，不需要嘆息。但是，後人在聞到菊花留下的幽遠的芬芳時，仍不免為他窮困的

＊肥遯　亦作「肥遁」，指隱居避世而自得其樂。

＊這段文字是說：了解了自己的命運，才能做到不再眷戀人生。如今我死了，可以沒有遺恨。到了百歲的年齡，一心嚮往深居簡出，因為老而死了，有什麼可以再留戀的？

一生掬了一把疼惜的眼淚。尤其當我們讀到他自祭文中的一句「自余為人，逢運之貧。簞瓢屢空，絺綌冬陳」＊。實在令人鼻酸，因為絺綌是細或粗的葛布，是盛夏才穿的單薄衣服，而今冬天還穿它，可見陶淵明是貧到無以為衣了。

對於自己的後事，陶淵明仍然不忘在自祭文中交代兒子「不要起墳，不必植樹，簡單把我葬了，因為日月就這樣過了，何必鋪張」。

陶淵明就是要這樣簡簡單單的來，簡簡單單的去，了無牽掛。

顏延之在陶淵明死後，為他寫了誄文＊，並給他起了諡號＊叫「靖節」。

總結陶淵明六十三年的人生歲月，他為後世留下了一百二十多首詩歌和十多篇辭賦、散文。他把平凡的田園生活引入詩歌的藝術園圃，開拓了詩歌的新天地。他的詩平淡之中有華采，質樸之中含有無

窮韻味，為中國詩歌的發展作出了卓越的貢獻。

昭明太子蕭統＊在〈陶淵明集序〉中說：「余愛嗜其文，不能釋手，尚想其德，恨不同時。」＊

陶淵明能得到蕭統這麼高的讚賞和評價，可見，陶淵明除了藝術上偉大的成就外，更令人景仰的，是他那「不戚戚於貧賤，不汲汲於富貴」，追求絕對的超然自由的高尚品格。尤其是在這個心靈日益沉淪的21世紀，讀了陶淵明其人其事

＊這段文字是說：自從我生而為人，常遭遇到貧困的命運；家中的鍋瓢常常是空的，到了冬天還穿著葛布做的短衣。

＊誄文　是一種哀祭文，為敘述死者生前德行、功業的韻文。

＊諡號　依照死者生前的事蹟所給予的稱號。

＊蕭統　生於501年，卒於531年，為南朝梁武帝的長子，「昭明」是他的諡號。由於英年早逝，未能即位便去世了，故世人稱他為「昭明太子」。他聰明好學，曾蒐集秦漢以來的詩文，編成《文選》一書，即後人所稱的《昭明文選》，使梁以前的文學作品得以保存下來，《昭明文選》也成為中國最早的詩文總集。

＊意思是說：我特別喜歡他的詩文，常常讀著讀著，捨不得放下。再想到他高尚的品格，更恨自己不能和他生在同一時代啊！

其文，彷彿讓我們在污濁的空氣裡，聞到一縷野菊花的清香，自悠遠處冉冉飄來，久久不息……

陶淵明

小檔案

365 年	出生。
383 年	前秦苻堅率兵南下，企圖一舉滅掉東晉，爆發了淝水之戰。
390 年	與東郭氏結褵。
391 年	長子陶儼出生。
393 年	任江州祭酒。
399 年	第二次當官，在桓玄手下做事。
402 年	辭官回到家鄉柴桑。
404 年	任劉裕的鎮軍參軍，後又隨劉敬宣辦事，至江州任建威參軍。
405 年	3 月，辭去建威參軍一職，回到柴桑。8 月，任彭澤縣令。三個月後辭官，從此遠離官場，開始隱居不仕。

408 年　　家中遭祝融肆虐，暫時避居江邊船上。

411 年　　舉家移居南里。

412 年　　堂弟敬遠過世。

414 年　　大病一場，幾乎喪失生命。

420 年　　劉裕篡晉稱帝，改國號為「宋」，陶淵明痛心不已。

425 年　　第二任妻子翟氏病逝。

427 年　　逝世。

獻給孩子們的禮物

「世紀人物100」

訴說一百位中外人物的故事

是三民書局獻給孩子們最好的禮物！

◆ 不刻意美化、神化傳主，使「世紀人物」
　更易於親近。

◆ 嚴謹考證史實，傳遞最正確的資訊。

◆ 文字親切活潑，貼近孩子們的語言。

◆ 突破傳統的創作角度切入，讓孩子們認識
　不一樣的「世紀人物」。

國家圖書館出版品預行編目資料

一朵孤芳的野菊花：陶淵明／廖炳焜著;卡圖工作室
繪.——初版二刷.——臺北市：三民，2010
面；　公分.——(兒童文學叢書／世紀人物100)

ISBN 978-957-14-4817-6　(平裝)

1.(晉)陶淵明 2.傳記 3.通俗作品

782.832　　　　　　　　　　　　　　　　96016057

© 　一朵孤芳的野菊花：陶淵明

著 作 人	廖炳焜
主　　編	簡 宛
繪　　者	卡圖工作室
發 行 人	劉振強
著作財產權人	三民書局股份有限公司
發 行 所	三民書局股份有限公司
	地址　臺北市復興北路386號
	電話　(02)25006600
	郵撥帳號　0009998-5
門 市 部	(復北店) 臺北市復興北路386號
	(重南店) 臺北市重慶南路一段61號
出版日期	初版一刷　2007年11月
	初版二刷　2010年8月修正
編　　號	S 781450

行政院新聞局登記證局版臺業字第○二○○號

有著作權‧不准侵害

ISBN　978-957-14-4817-6　　(平裝)

http://www.sanmin.com.tw　三民網路書店

※本書如有缺頁、破損或裝訂錯誤，請寄回本公司更換。